避災と共災のすすめ

――人間復興の災害学

永野 海 著

JN208757

帝京新書
007

まえがき

高校二年生のときに阪神・淡路大震災を大阪府で経験しました。友人との約束があり、揺れの起きた午前五時四十六分にたまたま地元の駅にいたのです。大きな地震を経験したことがなかった私は、揺れが地震によるものだとはすぐには分からず、戦争で爆弾が落ちたのかと思いました。湾岸戦争（一九九一年）で使われた照明弾の映像を鮮明に記憶していたからです。あのとき、なぜか空が何度も緑色に発光していました。

電車は運休となり学校も休校になりました。帰宅途中に見た公衆電話には長い行列ができていました。テレビは阪神高速道路の高架が倒れた姿や、神戸市内から立ち上る黒煙の映像を繰り返し流していました。その後、全国からボランティアが被災地に集結していることを知りました。

私はボランティア活動に参加することはありませんでした。兵庫県に隣接する大阪府内に住んでいる私は、ボランティア活動に簡単に参加できる環境にいたと言えます。揺れの直後、駅で四つばいになって避難した経験をしながら、ボランティアに目を向けることはありませんでした。当時の私は、自分と自分に関係ある半径何メートルかの世界にしか関心を寄せていませんでした。

そんな自分が今、自然災害が起こるたびに被災地に足を運ぶようになりました。防災の講演会や災害に備えるための研修会に呼ばれる回数は年間百回を数えます。本業の弁護士として裁判所に足を運ぶ回数を超えました。本業で扱う事件数を絞り込んだことで収入は見事に減少していきました。

自分の性格や考え方が変わったかというと、実はそうではありません。私が伝えたいことは「世のため人のために生きましょう」というようなことでは全くありません。防災や被災地支援の活動が「自分に関係ある世界」に加わったにすぎないのです。

私は人見知りで出不精な性格でした。他人との交流を伴う新しい世界に飛び込むのも苦手でした。そんな私を変えたのは二〇一一年三月十一日の東日本大震災です。当時、弁護士になって四年目でした。偶然の成り行きで、弁護士として被災地に派遣されることになりました。

訪れたのは福島県南相馬市の避難所でした。被災した人びとを対象にした法律相談をするためです。東京電力福島第一原子力発電所の事故から間もない時期でした。南相馬市は南側の広範囲が同原発から半径二〇キロ圏内に入っていました。南相馬市の避難所では、被災した人びとが雑魚寝をしていました。満足な仕切りもなく、プライバシーを守るものはありませんでした。

しかし私は無力でした。被災した人びとのために何もできず、力になれませんでした。にもかかわらず、皆さんから優しい言葉をかけてもらいました。「来てくれてありがとう」「教えてもらって安心できたよ」。それらの言葉が、「狭い世界」を生きてきた私の世界を広げてくれました。「今度はもっと勉強して来ます」「もっと準備をして、力になれるようにします」。私はそう考えるようになりました。

自分が関わりたいと思う世界が広がると、今までなかったエネルギーがわいてくるのを感じました。「被災地のことをもっと知りたい」「自然災害のことをもっと理解したい」。知識欲は私の行動を鼓舞しました。

週末のたびに静岡駅から新幹線に乗り現地でレンタカーを使い、東北沿岸部を回りました。津波被災事件のご遺族と知り合い、皆さんのお話や津波裁判から多くのことを学びました。自分の命に代えても守りたかった子どもを失ったご両親の話を聞き、涙があふれました。当時、私の子どもは小学生でした。自分をご遺族の立場に置き換えると、何度も胸をえぐられるような痛みを覚えました。

震災や津波で子どもたちの命が二度と奪われてはいけない。東北の教訓を日本中で共有する必要がある。そして行動につなげなければいけない。私は自分にそう言い聞かせました。南相馬市から始まった東北との縁が、その後の自分の人生を決定的に変えたのです。

人びとの命や暮らしに関わる活動はハードルが高いと考えがちです。誰もが医師であったり、消防士であったりするわけではありません。被災した人びとを救助する特別な技能がなくても、人びとの命や暮らしに関わることはできます。被災地では、必ず自分にもできること、自分の特技を生かせる活動があります。

週末に被災地を訪ね、がれき撤去のボランティア活動をする。大切な家族の写真を取り出し洗浄する。足湯のマッサージや炊き出し活動。美味しいコーヒーを入れたり、代わりに被害の写真を撮ってあげたりすることも被災した人たちに寄り添う大切な活動です。無理なく、自分らしい形で被災地と関わることは誰にでも可能なのです。被災した人たちに喜んでもらえれば、疲れが吹き飛ぶどころか、逆にエネルギーをもらえます。人のための活動のように見えて、自分の人生に確かな色彩や光を与えてくれるのがボランティア活動でありライフワークです。居住する地域の防災活動も同じです。

これまで、耐震化、家具の固定、備蓄など災害前の防災の問題と、災害後の復興や再建の問題は別々に考えられていました。しかし、私は防災啓発の活動と被災後の生活再建支援の活動を共に続けるほどに、両者は連続した一体の問題ではないかと思うようになりました。まずは災害から命を守り、生き残る必要があります。被災後にも災害関連死を避け、命を守り続ける必要があります。しかし、それが最終ゴールではありません。災害で住まいや生活を傷つけられ、奪われたときには、その再建が必要だからです。平穏な日常を取り戻さなければいけません。災害から命を守るために防災上の知識が必要なように、被災後の再建でも特有の知識が必要です。公的支援制度の知識がその代表的な例です。

本書では、第一章と第二章で、災害から命を守るために必要な知識と行動をまとめました。企業などの組織の防災にも言及しました。第三章以下では被災後の生活再建に必要な知識とポイントについて解説しています。本書を貫くテーマについては、防災・減災から生活再建までを包摂し、災害を避けるという趣旨から「避災」という言葉で、これらは災害を受け入れ、理解することから始めなければならないという趣旨から「共災」の言葉で表すことができます。「避災」と「共災」の知識は、災害大国である日本に住む人びとが身に付けておくべき作法とも言えます。

本書により「避災」と「共災」の知識や実践方法が正しく周知され、人びとが誰一人災害で命を落とさず、誰一人復興と生活再建から取り残さない社会になるための手引きになればと心から願います。

目次

まえがき …… 3

第一章　命を守る三つのS …… 12
津波避難すごろく／津波から生き残る／半数にとどまる津波避難／小さな揺れの大津波／誤発表／津波避難のSWITCH／揺れは長さが大事／ハザードマップのリスク／SAFE／津波避難シミュレーション／SAVE／水害から生き残る／水害のSAFEとSAVE／家屋倒壊から逃れる

第二章　災害から命を守る企業と組織 …… 50
三つのK／日和幼稚園／七十七銀行女川支店／被災は残念と判決／組織優先のツケ／岩手・釜石のケース／修正と風通し／大槌保育園／車を使った避難訓練／防災と組織改善

第三章　取り残される被災住民 …… 76
困り事ありませんか／最初の相談／法律相談の一歩手前で／道しるべこそ必要／災害ケースマネジメント／二極化する被災住民／申請主義という壁／内水氾濫の被害特徴／集まりにくい義援金

第四章　生活再建をあきらめない……102
被害状況をまず撮影／動画の撮影を／ボランティアセンターの活用／検討したいローン減免／避難生活期／町の復興と生活再建／修理か解体か／人手不足の影響／焦らずあきらめず人を頼る／避難生活にピリオド

第五章　住宅の被害調査と罹災証明……123
居住先自治体への法適用／住家被害認定調査／二次調査・再調査／地震の一次調査／申請期間の問題／生活に必要な小切手／地震後の浸水被害や液状化

第六章　生活再建のための各種支援……142
災害弔慰金／不支給取消訴訟／災害援護資金／災害救助法の現物給付／応急修理制度の注意点／応急仮設住宅の入居条件／入居手続き／被災者生活再建支援金／申請期限と相続／解体世帯／長期避難世帯／加算支援金／加算支援金をめぐる問題／検討すべき強制加入の災害共済／公費解体制度／公費解体と所有者の同意／被災家屋と税金／災害復興住宅融資／高齢者向け返済特例／災害公営住宅／雑損控除／自治体独自の支援制度

第七章　生活再建のシミュレーション …… 186
半壊住宅の修理／準半壊住宅の修理／自宅建て替え／住宅購入／賃貸物件への転居

第八章　復興への二人三脚と三人四脚 …… 201
餅は餅屋で／罹災証明書発行事務の二人三脚／住家被害認定調査の創意工夫／申請期限と情報公開／行政窓口の雰囲気／鎧を脱ぐ／避難所の三人四脚／災害関連死を防ぐ特別基準／平時からの三人四脚効果／誰一人取り残さない

あとがき …… 232

主な参考図書 …… 237

第一章　命を守る三つのS

被災した人びとの生活や住まいの再建は、災害から生き残ってこそ始まります。

私は東日本大震災の避難所や仮設住宅の支援に関わったことから「被災後の問題」に徐々に関心を持ちましたが、同時に被災の原因となった地震や津波自体にも関心を向けるようになりました。甚大な被害を人びとにもたらした東日本大震災をもっと知る必要があると思ったわけです。

休みのたびに新幹線に乗り、レンタカーを借りて岩手、宮城、福島の各県沿岸部を回り始めました。震災報道以上の知識がない私に震災の実態を教えてくれたのは、津波で家族を失った遺族や各地で語り部活動をしている人たちでした。

宮城県石巻市の大川小学校で最初に衝撃を受けました。

大川小学校では、全校児童百八人のうち七十四人の子どもたちの命が津波により奪われました。現場にいた教員十一人のうち十人が亡くなりました。四人の児童は現在も行方不明のままです。「大川伝承の会」という団体が、震災当日に小学校で何があったのかを伝える場を毎月設けていました。ガイドの受講を申し込んだ私は、六年生だった娘の真衣さんを奪われた鈴木典行さんと、同じ六年生のみずほさんを亡くした佐藤敏郎さんの二人から話を聞きました。津波から逃げ込むことができた小学校の裏山にも案内してもらいました。

鈴木さんは、その裏山の斜面に埋まっていた真衣さんを自分で発見し、掘り起こしました。遺体は津波に押し付けられた状態になっていたそうです。履いていた体操シューズのかかとに「真衣」の文字を見つけ、ようやく対面できたにもかかわらず、ほかの何十人もの子どもたちと一緒にブルーシートの上に並べられた真衣さんを残し、帰宅しなければなりませんでした。自分の着ていたジャンパーを着せて、「真衣、ごめんな。友達もいるから我慢してな」と声をかけたと鈴木さんは話してくれました。

私の目から涙があふれ、頬を伝って流れました。私の家族にも鈴木さんや佐藤さんの話を聞かせないといけないと思い、語り部である二人の動画を撮影しました。私は足の指先の感覚がないことにも気づきませんでした。寒い十二月のことでした。

大川小学校で遺族から話を聞いた経験が私の人生を変えました。それまでは民事事件や刑事事件のほか、医療過誤事件も行政事件も知財事件も何でも手がける「典型的な地方の弁護士」でした。弁護士の仕事は少しずつ減らし、防災と被災した人たちの支援に多くの時間を割くことになりました。震災による死を二度と招いてはいけない。東北沿岸部と同様に、海溝型地震による大津波の襲来が予想されている地域の人たちに伝え、行動につなげなければならないと思ったのです。そうしなければ、大川小学校の子どもたちに申し訳ないと感じました。

▼津波避難すごろく

時間を見つけて東北沿岸部に足を運び、被災した人たちから聞き取りをしました。津波に関連する訴訟のすべてを調べ上げ、分析しました。併せて、研究者の学術論文もできるだけ読みました。難しい言葉が並ぶ研究者の学術成果と、災害がまだ起きていない

「未災地」との間に自分が入り、震災の教訓や科学的な知見を「翻訳者」のように市民に伝えようと決意しました。

各地で防災講演を始めました。津波避難を疑似体験して「避難力」を身に付けてもらう津波避難シミュレーションゲーム「めざせ！津波避難マスター（津波避難すごろく）」を作りました。防災関連の図書執筆にも取り組みました。『みんなの津波避難22のルール　3つのSで生き残れ！』（合同出版・二〇二一年）では、津波から命を守る行動ルールを紹介しました。漫画の最初の原画も友人らの助言を受けながら、自分で描きました。

震災を学ぶことで地球への関心が生まれました。地球のエネルギーに畏敬の念を抱くだけでなく、自然災害と表裏の関係にある地球の恵みにも目が向くようになりました。

地震、津波、火山噴火、これらの原因となるプレートテクトニクス理論などを扱った地球科学の関連書籍を次から次へと読みました。素人の私に地球科学の原理や魅力を教えてくれたのは、京都大学の鎌田浩毅教授（当時）の著書でした。その後、偶然、鎌田氏と大川小学校で娘のみずほさんを亡くした佐藤敏郎さんとの三人で、防災講演会の講師を務める機会がありました。東日本大震災の発生当時、宮城県女川町の中学校で教員

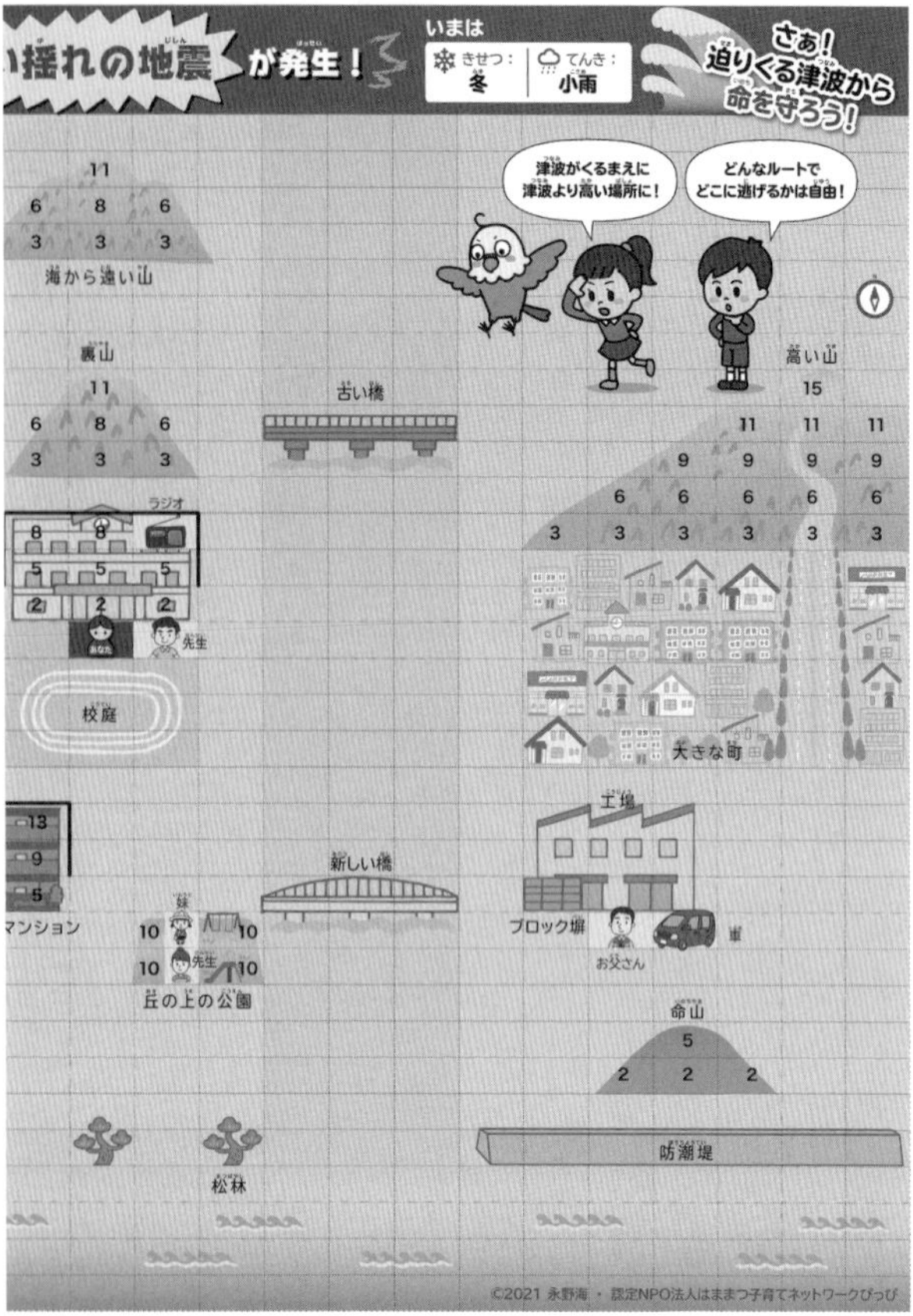

永野海〈防災いろとりどり〉のHP(http://naganokai.com/)から

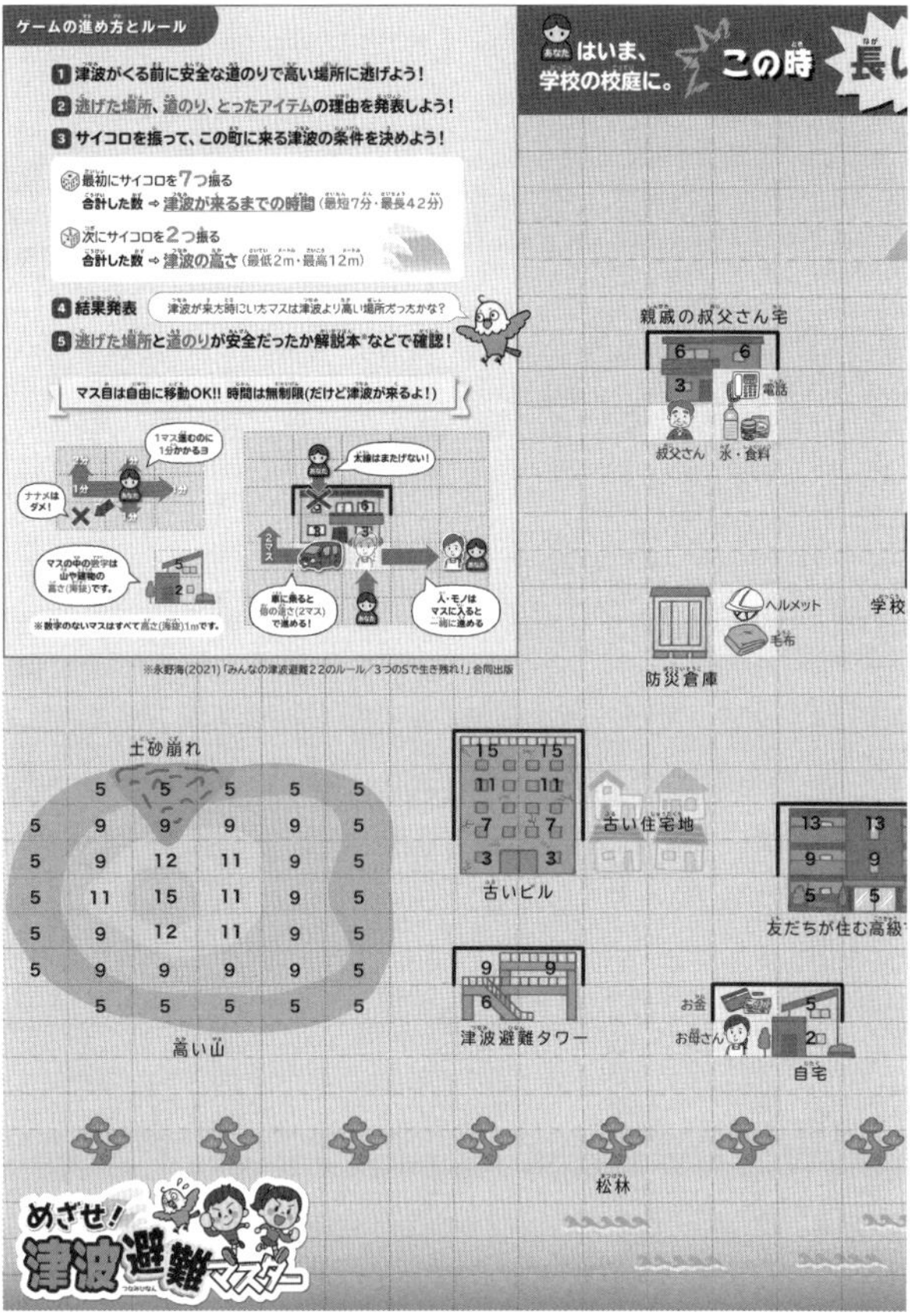

図１．めざせ！津波避難マスター（津波避難すごろく）。弁護士
ダウンロードできます。

をしていた佐藤さんは、すでに教員を退職していました。

防災講演会の翌日、日本列島を襲った台風の影響で、三人は講演先の静岡県御前崎市に足止めされました。宿泊したビジネスホテルで停電に見舞われました。私と佐藤さんは、京都に帰れなくなった鎌田氏から急きょ地球科学の実地講義を受けることになりました。鎌田氏は京都大学の人気教授で、マスコミから引っ張りだこでした。何とも贅沢な話でした。

その講義を通じて、自然災害から命を守るためには、防災教本の結論だけを丸暗記するような小手先の対応では限界があることを再認識しました。

地震とは何か、津波とは何か、火山噴火とは何か、地球の下で一体何が起きているのか。その仕組みを理解し、他人からの情報を受け身でただ待つのではなく、自分の頭で考え、とっさに判断する力が必要です。

特に、地震や津波、集中豪雨、火山噴火など、自然災害から命を守るために私たちに与えられた時間は長くはありません。ときには数秒、猶予のある場合でも数分から数十分しかないと考えられます。発災直後の緊急時に自分が生き残るために必要な情報を教えてくれる人はいるでしょうか。残念ながらいません。

テレビやラジオから流れてくる情報は「多くの人」に役立つ一般的な情報であることが圧倒的に多いのです。

私たちを襲う未来の自然災害から、私たちは必ず生き残らなければなりません。自分のためであり、大切な家族のためです。

▼津波から生き残る

警察庁によると、東日本大震災で直接亡くなった人は一万五千九百人、行方不明の人は二千五百二十人に上りました（二〇二四年三月発表）。死因は、溺死、焼死、窒息死、外傷性ショック、低体温症など多岐にわたります。これは津波や火災、建物倒壊、避難後の凍死などが原因で亡くなったことを意味します。他方、東北大学災害科学国際研究所の分析では、全体の九一・一％の死因が溺死でした。つまり、津波による犠牲でした。

一九八〇年以降に日本で起きた自然災害のデータを防災白書で確認すると、最も多くの命が失われたのは東日本大震災です。これと同様の海溝型（プレート境界型）巨大地震が日本の複数の場所で発生すると予想されていることから、自然災害から命を守るために最も重要な備えは、津波対策になります。南海トラフ地震はこれに当たります。内閣府中央防災会議の「南海トラフ地震防災対策推進基本計画」によると、南海トラフ地震において被害が最大のケースでは約三十二万三千人が亡くなり、そのうち津波を死因とする人は約十三万三千人に上ると想定されています。

裁判事例を中心に津波の被災事例を分析した結果、被災した人たちは、「SWITCH（スイッチ）」「SAFE（セーフ）」「SAVE（セーブ）」という三つのSから始まる津波避難行動を適切に取れなかったため、命を落としたことが明らかになりました。

SWITCHは、地震直後に、「逃げるスイッチ」が入ったかどうかを指します。SAFEは避難ルートの確保を含め安全な場所に避難できたか。SAVEは避難した後、最後まで命を守れたかどうかを意味します。

これを図2で確認してみましょう。東日本大震災をめぐって争われた津波訴訟と三つのSの関係をまとめました。

大川小学校はSWITCHが欠けた典型的な例になります。津波が襲来する直前まで

	SWITCH 逃げるスイッチ	SAFE 安全な場所とルート	SAVE 避難後も命を守る
岩手県			
鵜住居地区防災センター（釜石市）	○	× 避難場所でない建物に避難	
宮城県			
市立大川小学校（石巻市）	× 50分間校庭に待機		
七十七銀行女川支店（女川町）	○（△）	× 高台でなく屋上に避難	
私立日和幼稚園（石巻市）	△ 避難はしていない	○ 幼稚園は高台にあった	× 低地にバスを発車
市立野蒜小学校（東松島市）	△ 津波は来ないと思った	△ 体育館にも津波襲来	× 海側の家の児童を引渡し
町立東保育所（山元町）	× 1時間以上園庭に待機		
常磐山元自動車学校（山元町）	× 最後まで津波避難せず		

表の見方）3つのSがクリアできたか、左から右へと確認。どこか1つでもSが欠けると犠牲（×）が生じる

図２．津波訴訟と三つのＳの関係

避難を開始するスイッチが入らなかったのです。実はこの一つ目の「Ｓ」の欠如が津波訴訟の中で多く見られるのです。Ｍｗ（モーメントマグニチュード）９・０という超巨大地震だった東日本大震災の場合でさえ、人びとが津波避難のスイッチを入れることがどれだけ難しかったかを示しています。

津波訴訟で、二つ目のＳＡＦＥが欠如し甚大な被害が生じた象徴的なケースは、宮城県女川町の七十七銀行女川支店と、岩手県釜石市の鵜住居防災センターの被災です。

前者の銀行のケースでは、町が指定した津波避難場所である堀切山が歩いて数分の所にありました。震災の数年前まで堀切山への避難訓練をしていたにもかかわらず、職員は震災当日、銀行（二階建て）の屋上

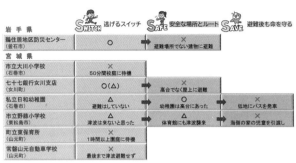

へ避難してしまいました。このケースは第二章で企業防災の問題として取り上げます。後者のケースは、防災センターが津波避難場所に指定されていなかったのに、訓練のときから防災センターを避難場所として誤って使っていました。震災当日も防災センターに多くの市民が避難したため、大津波が押し寄せ多数が犠牲となりました。どちらもSAFEを欠き、安全な避難が徹底できていませんでした。

最後の「S」であるSAVEの典型なケースに、宮城県東松島市の野蒜《のびる》小学校と宮城県石巻市の日和幼稚園の被災が挙げられます。

野蒜小学校では、学校の体育館に避難した女児の一人について、わが子を迎えに来た同級生の保護者へ学校側が引き渡したことから起きた悲劇です。女児は海沿いの自宅に帰った後、押し寄せた津波で命を落としました。日和幼稚園のケースは、標高二三《メートル》の安全な高台に幼稚園があったにもかかわらず、地震の後、保護者の元に早く帰したいと考えた幼稚園側が園児たちを送迎バスに乗せ、高台を下りて海側の低地に向かわせたため、犠牲者が出ました。バスは低地で渋滞に巻き込まれ、園児たちは車中で津波に襲われ、さらに津波が引き起こした火災に巻き込まれて亡くなりました。どちらのケースも、当初は安全な避難場所にいながら（野蒜小学校の体育館は相対的に安全な場所の意）、命が守れませんでした。日和幼稚園のケースも第二章で解説します。

▼半数にとどまる津波避難

岩手・宮城・福島三県の沿岸部住民一万千四百人を対象に内閣府が実施した「東日本大震災の地震・津波避難に関する住民アンケート調査」（二〇一一年十二月発表）によると、揺れが収まった後二十分以内に避難した人は、生き残った人でさえ五〇・五％にとどまりました。

では津波避難をした人はどんな理由で避難行動ができたのでしょうか。内閣府が別に実施した「平成23年東日本大震災における避難行動等に関する面接調査」は、津波避難をした人に避難のきっかけを尋ねました。一位は揺れが大きく津波が来ると思ったから（四八％）、二位は周りに言われたから（二〇％）、三位は津波警報を見聞きしたから（一六％）、四位は周りが逃げていたから（一五％）でした。

実は津波から逃げるＳＷＩＴＣＨを入れる基準として、これらの理由にはすべて疑問が残ります。まず一位の「揺れの大きさ」を基準にして逃げるのは、小さな揺れの後に起きる大津波に対処できません。一八九六年の明治三陸地震がそうでした。震源は岩手県の太平洋沖二百キロ付近。東北各地の震度はおおむね二から三だったと言われています。地震の三十分後には、陸上をはい上がった津波の最高地点である「最大遡上《そじょう》高」約三十八メートルの巨大津波が東北沿岸部を襲いました。犠牲者は約二万二千人に上りました。一九三三年の昭和三陸地震も同じです。最大震度五の揺れの後に巨大津波が来て、約三千人が犠牲になりました。

▼小さな揺れの大津波

地震に伴う大津波は、揺れが大きくなくても来るのです。これは現在、日本で最も心配される津波の一つです。

東日本大震災はプレート境界型地震です。日本周辺では海のプレートが沈み込むときに陸のプレートを地下へ引きずり込んでいく現象が起きています。陸のプレートがその引きずりに耐えられなくなり、跳ね上げられるように起こるのがプレート境界の地震です。これに対してプレートの内部に力が加わって発生する地震が、昭和三陸地震に代表されるプレート内の地震です。

東日本大震災の震源域より東側の「アウターライズ」と呼ばれる海底で続く地震活動が注目されています。海溝の外側（outer）の隆起部分（rise）で起きる地震であることから、アウターライズ地震と呼ばれ、発生が迫っていると警告する研究者もいます。昭和三陸地震はアウターライズ地震とみられています。実際、震源が日本列島から遠く離れていても、津波は巨大になる可能性があります。断層が上下方向にずれるため、津波が巨大化する性質があるのです。

このほか、揺れの大きさから想定されるよりも巨大な津波が沿岸部を襲うケースに、地震の揺れが海底地すべりを誘発し、地すべりが巨大津波を引き起こす可能性も考えられています。

地震の揺れが小さくても津波の警戒を怠らないことが絶対に必要です。

二位の「周りに言われたから」、四位の「周りが逃げていたから」が、正しくないのは明らかです。自分の命を他人の行動に委ねてしまっているからです。地震が起きても津波避難の行動を取らない人が少なくない以上、他人に従う行動が完全な間違いだとは言い切れません。「逃げよう」と大きな声を出しながら誰よりも先に避難を開始する率先避難は周りの命を救います。それは内閣府の調査でも裏付けられています。とはいえ、周囲の行動を津波避難のSWITCHにしてはいけないのです。

三位の「津波警報を見聞きしたから」、というのも危険です。津波警報が発表されても、私たちはそれを必ず認知できるとは限らないからです。停電に見舞われる、防災無線が故障する。スマートフォンはつながらず、テレビ・ラジオを視聴できない恐れがあります。いくつも可能性はあります。東日本大震災ではこれらのことが実際に起きました。そして、気象庁の発表する津波警報には精度の問題が付きまといます。

▼誤発表

東日本大震災のとき、気象庁は地震発生三分後に地震の規模をM（マグニチュード）7・9と発表しました。実際にはMw（モーメントマグニチュード）9・0でした。マグニチュードが0・2変わるごとに地震の規模は約二倍大きくなります。マグニチュードが1変わると地震の規模は約三十二倍も変わります。ですから、Ｍｗ９・０の地震をＭ７・９と発表したのは文字通り「けた違い」の誤発表だったと言えます。

では気象庁はなぜ、東日本大震災をもたらした地震の規模をけた違いに過小評価してしまったのでしょうか。気象庁が最初に発表したＭ７・９にはＭという記号がついています。これは「気象庁マグニチュード」と呼ばれ、地震の揺れを記録した地震計の振れ幅から計算します。地震計の動きからすぐに計算できる利点がある一方で、Ｍ８を超えるような巨大地震の場合は、本当の規模を振幅が反映しない性質があり、過小評価につながる危険が常に付きまといます。東日本大震災のときはこの問題が顕在化したわけです。

発生後一時間以上たった午後四時の発表でも、Ｍ８・４でした。正しいＭｗ９・０を発表したのは、地震発生の二日後のことでした。

当初Ｍ７・９の地震と考えていた気象庁は、午後二時四十六分の地震発生の三分後に岩手県沿岸部の津波予想を三メートルと発表しました。午後三時十四分に津波予想を六メートルと修正し、さらに地震から約四十五分後の午後三時三十分に十メートル以上と再修正しました。南海トラフ地震ではかなりの地域で地震発生の数分後には津波が来ると予想されていますので、気象庁が発表修正をすれば大きな混乱を招く恐れがあります。場合によっては避難が間に合わないでしょう。

▼津波避難のSWITCH

実は、M8を超えるような巨大地震の際に、地震の規模、予想される津波の大きさを瞬時に発表するのが難しいという課題は、現在も解決されていません。そのため、気象庁は二〇一三年に津波警報を見直しました。地震直後は具体的な数字で発表することをやめ、巨大（大津波警報）、高い（津波警報）に表現を変更しました。「巨大」という言葉で大津波警報が発表されたときは、東日本大震災クラスの非常事態であることを意味します。気象庁が地震発生後、正確な地震規模を把握できた段階で予想される津波の高さを「10m超」「10m」「5m」「3m」「1m」の五段階の数値に切り替えて発表することになりました。

地震の規模を正確に把握するにはMwによる計測が必要です。気象庁はMwの短所について「地震波形全体を詳細に分析する必要があるため、地震発生直後に迅速に計算することが困難」としています。Ｍｗの計算は簡単に言えば、地震のエネルギーによって割れた「岩盤の面積」などから地震の規模を計算する方法です。後述する通り、地震では、最初の地震発生の後も地震のエネルギーで岩盤は割れ続けます。岩盤がすべて割れ終わらないうちは地震の規模が正確に測定できないため、Ｍｗの発表はどうしても遅くなります。巨大地震や超巨大地震では、本当の地震の規模はすぐには分からないのです。だから、気象庁の直後の発表をうのみにしてはいけません。この点だけは肝に銘じておかなければなりません。

そんな中で、自分だけの判断で、津波避難のＳＷＩＴＣＨを入れられる科学的な基準が一つあります。地震の「揺れの長さ」です。

動画配信サイトなどには東日本大震災発生当時の映像が多数公開されています。特に価値が高いのが、仙台空港内のレストランで撮影された動画です。揺れの異常な長さを捉えており、これまでに三千六百万回以上再生されました。

地震は規模が大きくなるほど、揺れる時間が長くなります。揺れは地震で岩盤が割れ、ずれが生じることで起きます。規模の大きな地震は岩盤が割れてずれる時間が長くなるため、私たちの感じる揺れの時間も長くなるのです。実は地震の規模と揺れる時間の長さの関係は科学的に明らかです。Ｍ７クラスの大地震（阪神・淡路大震災）では約十秒間、Ｍ８クラスの巨大地震では約一分間、Ｍ９クラスの超巨大地震では約三分間にわたってそれぞれ揺れ続けます。物理学的な結論であり、常に妥当します。

▼揺れは長さが大事

東日本大震災では、Ｍｗ９・０の地震のエネルギーで南北五百キロ、東西二百キロの面積に及ぶ岩盤が破壊されました。五百キロは直線距離で東京駅から岡山・兵庫の県境ぐらいまであります。それくらい長い距離の岩盤を割り終えるには三分間ほどは要するということです。岩盤が割れている間、私たちは揺れを感じ続けているわけです。

これにより、私たちは地震発生の後「一秒」「二秒」と数えることで、地震の規模を大まかに予測することができます。

大事なのは揺れの「長さ」であり、津波避難の基準としての重要性では揺れの「大きさ」を上回るとも言えます。巨大な津波を引き起こす地震でも、遠くで起きれば揺れは小さいからです。「大きさ」は地震の規模と直接結び付いているわけではありません。すでに説明した通り、明治三陸地震の揺れは小さかったにもかかわらず、津波の最大遡《そ》上《じょう》高は約三十八㍍《メートル》に達しました。一九六〇年のチリ地震は、地球の反対側で起きた地震のため日本で体感できる揺れは伝わってきませんでした。ところが、地震発生の約二十三時間後に津波が日本の太平洋沿岸を襲い、死者・行方不明者百三十九人という被害をもたらしました。

地震が起きたら揺れの長さを数えて「六十秒」まで続いてしまったら、「どこかでM8の巨大地震が発生している！」「津波の危険がある！」と考え、津波避難のSWITCHを入れなければなりません。文部科学省の「学校防災マニュアル（地震・津波災害）作成の手引き」でも津波発生の判断材料として、気象庁の警報とともに、「1分以上続く長い地震の揺れ」を挙げているのはそのためです。

▼ハザードマップのリスク

津波避難のＳＷＩＴＣＨが入っても、実際には避難行動の障害となる要素が次々に出てきます。判断を下す上司が職場に不在だったり、単独行動のできない高齢者や乳幼児、病人の対応を迫られたり、避難ルートが使えなかったりします。保育園や学校では、「園児や子どもたちの保護者への引き渡しはせず避難を優先する」と明確に決め、訓練をすることが大切です。震災後、次々に引き渡しを求めて押し寄せてくる保護者の対応で身動きが取れなくなる事態が頻出します。避難が難しくなると、根拠がないにもかかわらず「さすがにここまでは津波は来ないだろう」といった悪魔のささやきが聞こえ始めます。落とし穴はそれだけではありません。津波ハザードマップもその一つです。

津波ハザードマップは、一定の条件のもとで想定される一つの浸水可能性を示したものにすぎません。諸条件にはいくつもの不確実性があります。極めて大切な情報ではあるものの、それに全幅の信頼を置くと足元をすくわれます。津波ハザードマップはあくまで参考情報として捉えるべきです。浸水想定を示す色が付いていない場所が「安全」

という意味では全くありません。

繰り返しになりますが、地震や津波の発生は極めて不確実性が高く、正確な予測は困難です。不確実要素の多さでは、洪水や内水氾濫のハザードマップの比ではありません。

東日本大震災当時、大川小学校のあった宮城県石巻市には六十四の小中学校がありました。そのうち震災前の津波ハザードマップで浸水が想定された学校は一校だけでした。実際には大川小学校を含む二十三校が津波に襲われました。大川小学校は津波避難場所にも指定されていました。それにもかかわらず、校舎一階の天井を優に超える津波が襲来し、七十四人の児童が津波で亡くなりました。このことは、津波ハザードマップをうのみにしてはいけないことを教えています。

津波、洪水、土砂災害など災害の種類を問わず、ハザードマップの正しい見方として一つポイントを挙げておきます。それは、マップに付けられた色や情報の結論だけを見るのではなく、もう一歩思考を働かせることです。津波を例にします。自宅の五百㍍手前まで津波がやって来るハザードマップの想定になっていたとします。その場合、その五百㍍の間の標高差や障害物の有無を確認します。大きな標高差もなく、津波を遮る山や防潮堤のような障害物もない場合、五百メートル手前まで津波が来る可能性があることは、自宅にも来る「かもしれない」ことを意味します。来ない「だろう」ではなく、来る「かもしれない」という思考が大切です。危険を常に想定した自動車運転と同じです。大川小学校を含む多くの学校では、沿岸部でも津波が学校の手前までしか来ないという想定になっていました。しかし、海岸と施設の間に大きな標高差や障害物がなければ津波はさらに奥までやって来ることもあるのです。大川小学校がまさにそうでした。

▼SAFE

津波避難のＳＷＩＴＣＨが入っても、安全なルートで安全な場所に避難（ＳＡＦＥ）できなければ津波から命は守れません。大雨災害と同じで、津波の「避難」は安全な場所へ移ることだけを指しません。現在いる所が津波や大雨による浸水から安全ならそこから「動かない」ことが避難になります。動くのではなく「難を避ける」のが避難の目的です。住まい選択時にも、移動を伴う避難をしなくて済む安全な場所を選ぶのが理想です。

津波では「より速く」「より高くに」が避難の鉄則です。自分が毎日の多くの時間を過ごす場所については、それを拠点にした避難ルートと避難場所を決めておく必要があります。自宅、学校、職場、遊び場所などから避難場所への経路を押さえます。職場からの帰宅途中や、自宅からの登下校中に地震に見舞われたときの移動経路も大切です。私が津波避難の授業を手伝った岩手県大船渡市の吉浜小学校では、地域の協力も得て、毎年登下校中に地震が発生したことを想定した津波避難訓練をしています。訓練で気付いた課題に対して、子どもたちが自ら津波避難ルートの看板を作るなど主体性を発揮していることも注目すべき点です。

大川小学校事故検証委員会が作成した事故検証報告書では、大川小学校を含む十七の小中学校が前もって指定していた津波避難場所が表にまとめられています。大川小学校は「近隣の空き地・公園等」と避難場所を記していました。「高台」「該当市町村が指定する広域避難地」「市指定の避難所」と抽象的に記した小中学校が散見されました。避難場所は具体的に指定し記載する必要があります。

「校舎屋上か正面の山」としていた小学校もありました。避難場所を前もって決めるのは、地震が起きてから考えたり議論したりする無駄を防ぐためです。地震が起きたら一目散に決められた場所に逃げます。そのためには避難場所は誰にとっても一目瞭然でなければなりません。選択式では避難が遅れます。

避難場所に熟慮を重ねた好例もあります。石巻市にある日本製紙石巻工場です。震災当時、千三百六人が働いていました。地震発生後、工場の東側一キロほどにある日和山の高台に避難して、全員が無事でした。その成功体験をもとに、普通なら「地震があったら日和山に直ちに避難」という津波避難マニュアルを作ると考えられます。しかし、同工場は震災の後、一次避難場所は日和山ではなく、工場内の二階以上の堅牢な建物に設定しました。なぜなら、敷地面積が東京ドーム二十三個分に相当する約百十ヘクタールもあり、職場によっては正門にたどり着くまで一キロもあるからです。

宮城県を襲う地震は、津波の到達までにやや余裕のある東日本大震災のように、日本列島から遠く離れたエリアで起きる海溝型地震とは限りません。発生確率が三十年以内に九九%と評価される宮城県沖地震は、震源地が日本列島に近いことから津波がすぐにやって来ると予想されます。その場合、日和山への避難では間に合いません。一次避難場所への移動は時間との勝負になります。日本製紙石巻工場の例のように、マニュアルは津波の到達時間、避難場所への移動時間とルートの安全性を徹底的に検討した結果が盛り込まれる必要があります。

▼津波避難シミュレーション

避難中の事故を防ぐ知識は欠かせません。津波が遡上《そじょう》する河川は避難ルートから外します。高い建物や古い家屋、ブロック塀の近くを通らないことです。ガラスは建物の高さの半分の距離まで飛散する可能性があります。土砂崩れ、橋の損壊、渋滞の発生、交通事故とリスクは数え上げたら切りがありません。自分が暮らす地域をよく観察し、適切な避難ルートを前もって決めておくことで、リスクを減らすことができます。そのガイドとなるのが、津波避難シミュレーションゲーム「めざせ！津波避難マスター」です。私が開発しました。

ルールは大まかに四つあります。①町の中の危険を賢く避けながら、ゲームの最後にやって来る津波よりも、高い場所に逃げられたらゲームは成功②町の中の移動には一マス一分かかり、時間をかけすぎると途中で津波がやって来る③黄色いマスを通れば、防災・避難用品が入手できる④最後にサイコロで決まる津波の襲来は、高さ十二㍍から二㍍、到達時間四十二分から七分まで——とてもシンプルです。「弁護士永野海〈防災いろとりどり〉」のホームページ（http://naganokai.com/tbs/）から無料でダウンロードすることができます。

多くの小中学校や団体でこの津波避難シミュレーションゲームを防災学習に取り入れてもらっています。そして「防災メガネ」を掛けたつもりで町を観察しようと児童生徒に呼びかけています。ゲームの後には実地観察をし、大人たちも一緒になって町をじっくり見て回り、避難をシミュレーションしてほしいと思います。自分がこの場所にいたらどのルートを使ってどこへ逃げればいいのか。ストップウォッチを持って時間を測りながら実行してみてください。その経験がいつか必ず生きるはずです。

▼SAVE

津波避難のＳＷＩＴＣＨ（スイッチ）が入り、安全な場所にＳＡＦＥ（避難）できたら、最後まで生き残る（ＳＡＶＥ）ことが必要です。一度は逃げおおせたのに、自分の判断で帰宅したり、あるいは他人を帰宅させたりして犠牲になったケースが東日本大震災で相次ぎました。

子どもたちの住まいや通学路などを含め、津波リスクのある保育園や幼稚園、小学校は、園児や児童を保護者へ引き渡す訓練だけでなく、引き渡さない訓練をすることが大切です。発災後、子どもたちを一刻も早く保護者へ引き渡したいと考えるのは自然です。子どもたちは保護者がそばにいれば安心します。子どもを引き渡さない行動は、園や学校が子どもを長時間預かることにつながります。保育士や教師が責任を負う時間は長くなり、その分だけ、防災・避難用品を多く備える必要が出てきます。

引き渡さない訓練を日ごろからしていないと、子どもを引き渡すことの抵抗感が教師たちの側から薄れていきます。保護者に対しては訓練のたびに子どもを引き取らない行動を取るよう、周知する必要があります。子どもを引き渡さない教師と子どもを引き取らない保護者がタッグを組むことで、子どもの命が奪われるリスクは減ります。

私が強調したいのは、通園・通学のルートや住まいが危険である子どもについては前もって調べ、リストにしておくことです。誰を特に引き渡してはいけないかが明確になり、実際の行動につながりやすくなります。そして学校と地域で情報を共有することが大切です。登下校中の地震でも地域住民が避難を支援してくれる可能性が高まります。

教訓があります。東日本大震災の津波で亡くなった唯一の北海道民は、函館市の男性でした。函館市に押し寄せた津波のうち最も高い津波は二メートル三十九センチで、なんと地震発生の約九時間後、函館市への第一波到達から約七時間後にやって来ました。男性はアパートの一階にいて溺れたとみられています。「津波は忘れたころにやって来る」のです。

緊急的な一次避難場所として、津波避難タワーが知られています。屋根がなかったり、水や食料の備蓄がなかったりするタワーがあります。避難は炎天下かもしれないし、極寒の真夜中かもしれません。せめて数日間は生き残れるだけの飲み物や食べ物、防寒着を備え、リュックに詰めて玄関に置いておく必要があります。先に触れた地球科学者の鎌田氏は東京出張の際、水とドライフルーツ、ペンライトなどを必ずカバンに入れて持ち歩いていると話していました。こうした備えは、最近頻発する列車の運行トラブルなどに伴う「車内缶詰」でも役に立つと考えられます。

▼水害から生き残る

津波避難の三つのSは、大雨浸水、洪水氾濫、土石流などの水害・土砂災害にも当てはまります。避難のスイッチを入れ（SWITCH）、安全な場所に避難し（SAFE）、避難後も命を守る（SAVE）という行動指針は、自然災害全般に共通するのです。火山噴火や暴風、落雷でも同じです。災害によってSを実現するための具体的な方法は異なるものの、避難するときの判断基準は三つのSに集約されます。

水害・土砂災害について、国は避難情報に関するガイドラインを改訂し、警戒レベル5（緊急安全確保・黒表示）、警戒レベル4（避難指示・紫表示）、警戒レベル3（高齢者等避難・赤表示）、警戒レベル2（大雨・洪水・高潮注意報・黄表示）、警戒レベル1（早期注意情報・白表示）と表示するなど情報提供に工夫を凝らしています。

水害・土砂災害の避難SWITCHとして「総雨量」が重要です。国土交通省中国地方整備局太田川河川事務所は、川の豆知識を子どもに紹介する「川のちえぶくろ」と題したサイト（https://www.cgr.mlit.go.jp/ootagawa/chiebukuro/index.html）を公開しています。そこでは「どれくらいの雨がふると被害が起こるの？」という質問に対して、「一般的には1日の雨が70ｍｍを越えると水害が発生し始め、２００ｍｍを越えるとかなりの数の土砂災害や水害が発生するといわれています。また、経験的には年間の降水量の約1割が1日に降ると災害が発生するといわれています」と答えています。

降雨量と災害発生の関係は地域によって異なります。東北地方の事例についてウェザーニューズがホームページ（https://weathernews.jp/s/topics/202208/090275/）で公開しています。

ウェザーニューズが作成した図3を見ると総雨量と時間が被害の発生を予測するために重要であることが分かります。

サイトには、次のように記載されています。「3時間で２００ｍｍ以上の雨、または24時間で３００ｍｍ以上の雨になると、一級河川で氾濫したり、中小河川が多発的に氾濫したりする危険性が高くなります。広域で発生する土砂災害にも警戒が必要です」

「地形の特性や設備の大雨耐性によっては、この目安よりも少ない雨量で災害が発生す

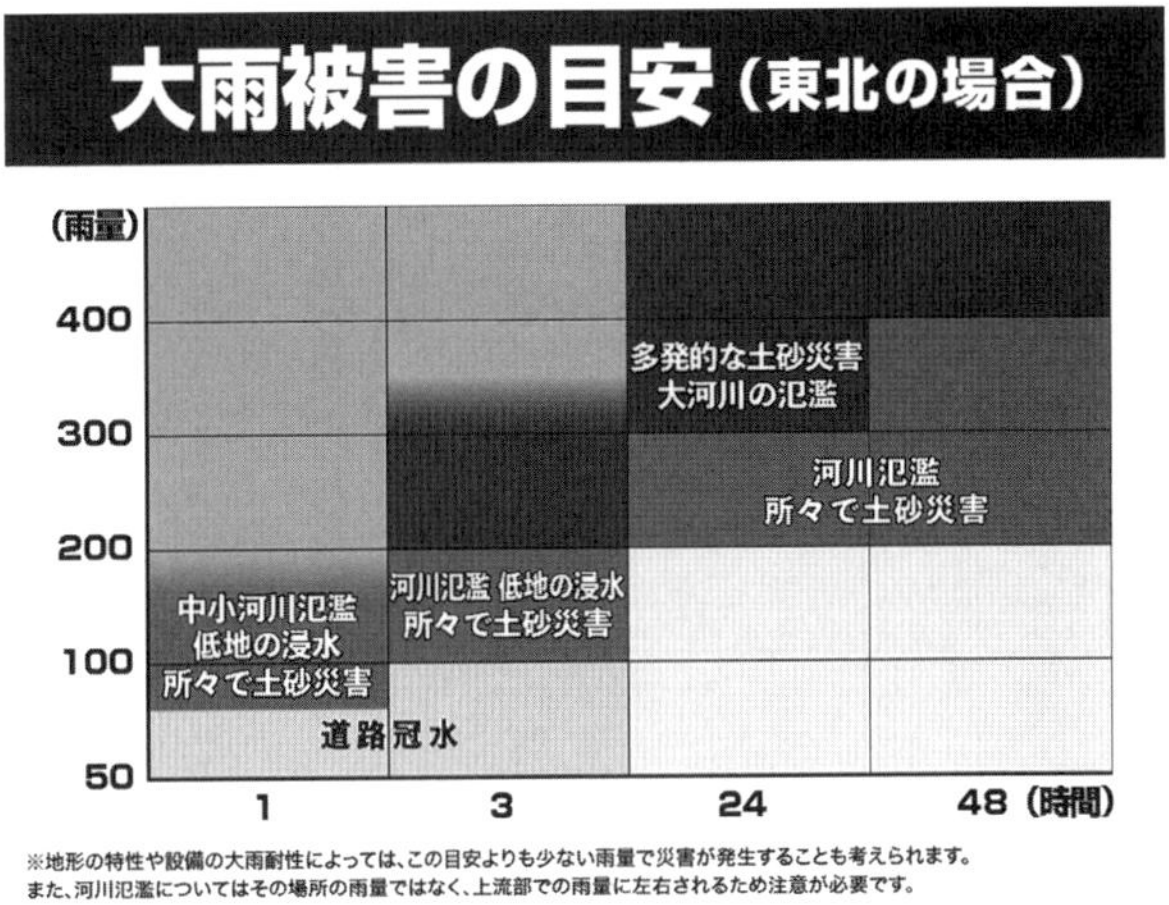

図３．降雨量と災害発生の関係を示す参考図（出典元：ウェザーニューズ）

ることも考えられます」「河川氾濫についてはその場所の雨量ではなく、上流部での雨量に左右されるため、今いるところだけでなく家の近くを流れる川の上流部の雨量についても注意することが大事です」。地域ごとの違いに注意が必要なものの、避難ＳＷＩＴＣＨの一つの目安になります。

津波避難ＳＷＩＴＣＨでは、科学的知見に基づき「一分以上の長い揺れ」を判断基準にするべきだと述べました。大雨避難のＳＷＩＴＣＨについても、自分で推定した雨量で判断することができます。スマートフォンのアプリやインターネットを活用し、降り始めからの雨量、短時間予想雨量のデータを収集することで危険の高まりを実感できます。津波と違い、大雨の被害が表面化するまでに多少余裕があることから、焦る必要はありません。

▼水害のSAFEとSAVE

水害・土砂災害の避難SWITCHが入れば、次は避難行動です。危険な場所から離れ、高い場所や指定避難場所などへ移動するか、比較的安全なその場にとどまるかを選択する必要があります。

風水害では屋外で亡くなるケースが多いとする牛山素行・静岡大学教授の調査結果が知られています。一九九九〜二〇一九年における風水害の死者千三百七十三人のうち六百六十五人（全体の四八・四％）が屋外で亡くなっていました。今いる場所が安全なら動くべきではないという判断の重要性を裏付けています。

地震後の津波と違い、浸水や洪水の水害は避難行動を取るまでに考える余裕が少しあります。居住地域の水害や土砂災害のハザードマップを確認したり、インターネットで河川の水位や気象庁の「キキクル（危険度分布）」などの防災情報を調べたりしながら、移動するかとどまるかを考えます。移動する場合はどのルートでどこへ向かうかを検討します。やはりここでも日ごろからあらかじめ避難場所を決めておくことが重要です。

ここで注意が必要なのは、水害ハザードマップでは中小河川の氾濫については考慮されていないことが多い点です。ハザードマップの作成が義務付けられていない小河川も多数あります。ハザードマップに色がついていないのは、単にその場所を流れる中小河川の調査や地図に反映されていないだけの可能性があるわけです。二〇二四年九月に発生した能登半島豪雨でも、洪水による被災場所は、いずれもその場所のハザードマップで災害リスクが示されていませんでした。中小河川だったからです。洪水でもハザードマップをうのみにせず、川の近くの低い場所は常に浸水の危険があると考えることが大切です。

大雨の中を歩いて避難する際は、流される危険があります。水深が膝より高いと歩くのが難しくなります。流れがあれば膝下でも足をすくわれる恐れがあります。傘や杖を使って足元を確認しないと、ふたの開いたマンホールや側溝に落下したり、溝やくぼみで転倒したりすることもあります。ポイントは、避難ルートが浸水する前に避難を終えることです。

自動車による避難の場合は一般的に、浸水が一〇～三〇㌢でブレーキ性能が低下し、三〇～五〇㌢でエンジンが停止し、五〇㌢を超えると車が浮いて流される危険があるとされます。車が浸水すると、水圧の影響によりドアを開けられず脱出が難しくなります。

学校や企業は、総雨量や防災気象情報を目安にして、児童生徒や従業員を帰宅させるだけでなく、帰宅させない判断も重要になることを知っておかなければなりません。危険な状況で帰宅させた場合、学校側は学校保健安全法違反に、企業側は労働契約法の安全配慮義務違反に問われる可能性があります。津波避難と同様、児童生徒や従業員の通学通勤経路、自宅の場所をふだんから確認し、帰宅させることが危険なケースを確認しておく必要があります。

▼家屋倒壊から逃れる

M7・3（Mw6・9）を記録した直下型地震の阪神・淡路大震災で亡くなった人の

死因は、多くが圧死や窒息死でした。兵庫県が二〇〇五年十二月に公表した「阪神・淡路大震災の死者にかかる調査について」によると、直接死五千四百八十三人の死因は、一位が窒息・圧死（三千九百七十九人、72・57％）、二位は外傷性ショック（四百二十五人、7・75％）、三位は焼死（四百三人、7・35％）でした。亡くなった人の大半は家屋倒壊や家具転倒によるものでした。

建築基準法の耐震基準は一九八一年と二〇〇〇年に改正されました。前者の新基準は一九七八年の宮城県沖地震を受けて、後者の現行基準は一九九五年の阪神・淡路大震災を受けての対応です。一方で、補助金制度を利用する耐震診断と耐震改修が全国で推進されてきました。主な耐震改修には①壁の増設②基礎の補修③屋根の軽量化④耐震金具の設置――があります。国土交通省によると、一九八一年六月一日以降の新耐震基準・現行基準を満たしている住宅（耐震化率）は、二〇一八年時点で八七％です。

この耐震化率が九割に近いことで安心するのは早計です。能登半島地震の被災地である石川県輪島市、珠洲市、穴水町の約七千棟を調査した日本建築学会北陸支部の暫定調査結果によると、一九八一年の旧耐震で造られた建物は全壊や半壊が五割余りに達していたのに対し、一九八一年から二〇〇〇年までの新基準で造られた建物でも全壊や半壊が三割余りに達しました。二〇〇〇年以降の現行基準を満たす建物では一割未満でした。

建物は築年数、壁面積、地盤、吹き抜けの有無などによって耐震性が変わってきます。自宅が倒壊を免れても、家具やピアノの転倒で人的被害を受けることがあります。自治体によっては、住宅内の一部に強固な空間を確保する「耐震シェルター」の設置支援に取り組んでいるケースがあります。耐震シェルターは住宅の耐震性を高めることはできませんが、耐震改修に比べて短い工期でより安価に地震対策を講じることができます。

賃貸住宅で家具を固定するために壁に耐震金具用のネジ穴を開ける際、躊躇する人がいるかもしれません。当然です。入居者には退去時の「原状回復義務」があるからです。国土交通省住宅局が二〇一一年にまとめた「原状回復をめぐるトラブルとガイドライン（再改定版）」には、「地震等に対する家具転倒防止の措置については、予め、賃貸人の承諾、または、くぎやネジを使用しない方法等の検討が考えられる」と記述されています。

入居者のエアコン設置による壁のビス穴や跡については、エアコンが「テレビ等と同様一般的な生活をしていくうえで必需品になってきており、その設置によって生じたビス穴等は通常の損耗と考えられる」として、原状回復の義務はないと同ガイドラインは述べています。熱中症を予防するエアコンも、家具転倒による下敷きを予防する金具転倒防止器具も、どちらも命を守る必需品です。国土交通省は地震対策のためにガイドラインを見直すべきでしょう。

第二章　災害から命を守る企業と組織

東日本大震災の津波訴訟では、学校や企業などの組織にとって極めて厳しい判決が下されました。共通するのは、津波ハザードマップと組織の責任の関係が問われたことです。宮城県の大川小学校（石巻市）、日和幼稚園（同）、野蒜小学校（東松島市）、常磐山元自動車学校（山元町）の訴訟では、津波で亡くなった人たちの死亡場所は津波ハザードマップが「浸水想定区域外」とする場所でした。特に大川小学校は石巻市が津波避難場所に指定していました。しかし、いずれも一審判決で組織側が敗訴しました。

ここから得られる教訓は、津波ハザードマップをうのみにするなということ、児童生徒や従業員の生命を守るために組織に求められる管理責任は極めて重いということです。

▼三つのK

組織が自然災害から従業員や園児・児童らの命を守るためには、先に述べた命を守る三つのSなど正しい知識を身に付け、これを組織内に広く共有する必要があります。しかし、それだけでは足りません。津波訴訟の分析を通じて、組織の防災に特有のポイントが見えてきました。

まず訓練の実施です。もちろん、実施するだけでは不十分です。正しい訓練を徹底する必要があります。

次に重要なのは組織の中で大切にされ、メンバーが共有している「価値観」です。価値観は組織風土と言い換えることもできます。人命を最優先する価値観であり、愛情にあふれた人にやさしい組織風土のことです。

最後に、組織内の風通し。上下関係にとらわれず、組織内で自由に意見が言える雰囲気です。

大きな災害が起きれば、訓練、価値観（組織風土）、風通しの三つが組織行動を大ききく左右します。三つの言葉はローマ字にするといずれも「K」から始まるため、組織防災に必要な「三つのK」と私は呼んでいます。

▼日和幼稚園

三つのKについて、日和幼稚園の訴訟から考えてみましょう。

日和幼稚園は宮城県石巻市の日和山の中腹にありました。海抜約二三メートルの園には、東日本大震災の津波は到達しませんでした。園児は幼稚園にとどまっていれば、一人も亡くなることはありませんでした。第一章で述べた通りです。保護者である佐藤美香さんが震災発生の三日後に被災場所で娘の愛梨ちゃん（当時六歳）と対面したとき、焼死体で見つかった愛梨ちゃんは、生まれたときより小さな姿になっていました。下半身はありませんでした。「壊れてしまうので抱きしめることもできなかった」と振り返る佐藤さんは、その後の経緯を含めて『ふたりのせかいりょこう　東日本大震災から6年――姉妹人形の奇跡』（祥伝社）という本にまとめています。

なぜ園は、子どもを安全な幼稚園にそのままいさせておくことができなかったのでしょうか。なぜ保護者への引き渡しのために、わざわざ山を下りて海沿いに出発させるバスに園児たちを乗せたのでしょうか。

本来安全だったはずの日和幼稚園で犠牲が発生してしまった理由を、先ほどの三つのKから探ってみましょう。まず一つ目のKです。園は津波対策を十分に考えずに、津波避難の訓練をしていませんでした。日本海溝で起きる超巨大地震を想像できなくても、今後三十年以内に九九%の確率で起きると言われていた宮城県沖地震を想定していれば津波対策を講じることができました。「地震後は津波警報解除まで園に待機」「保護者が迎えに来ても引き渡さず、保護者も一緒に園に待機」「園には水、食料、毛布を備蓄」などの指針を定め、その備えをすることは決して難しいことではありません。毎年の津波避難・待機訓練を通じて点検を繰り返す必要がありました。

次に、二つ目と三つ目のKです。園児を乗せたバスが低地に向けて出発した後、津波の襲来までに約一時間の余裕がありました。バスは順に園児を降ろしていきました。途中で日和山の麓にある門脇《かどのわき》小学校横に停車しました。園からほど近い場所です。園の対応が間違いであることに気付き、軌道修正するチャンスがありました。そのときの状況について一審の仙台地方裁判所の判決が触れているので紹介しましょう（読みやすくするために形式的表記についてのみ表記を変更するとともに、証拠表記は割愛しました）。

バスが門脇小学校に停車している旨をA教諭から報告された園長は、B教諭及びC教諭に対して、「バスを上げろ。」などと言って、徒歩で門脇小学校へ行ってバスを幼稚園に戻すことを伝えるように指示した。この際、園長は、B教諭及びC教諭に対し、大津波警報が発令されていることを伝えなかった。そこで、B教諭とC教諭は、徒歩で幼稚園を出て門脇小学校の脇にある本件階段を下り、門脇小学校へ向かった。

運転手がバスを門脇小学校の校庭に停車させ、添乗員及び園児らが待機していたところ、バスに乗車していた園児10名のうち3名の保護者らが同園児らを迎えに来たため、添乗員において同園児ら3名を保護者らに引き渡し、ほかの園児らも一時バスの外に降りて待機していたが、雪が降ってきたため再度車内に乗車した。

B教諭及びC教諭が門脇小学校に着くと、校舎前にバスが停車していたので、運転手に対し、「バスを上に上げろ。」との園長の指示を伝えた上、門脇小学校の校庭には多数の自動車が避難して混んでいるため、同所からバスを発車させて幼稚園に戻ることができるかどうかを尋ねた。

これに対し、運転手がバスで幼稚園に戻ることができる旨を回答したため、B教諭及びC教諭は、同園児らをバスに乗せたまま戻させることとし、教諭2人のみで本件階段を上がって幼稚園に戻った。

そして、運転手は、本件被災園児ら5名を含む園児7名及び添乗員を乗せたままバスを門脇小学校から出発させた。

ここには看過できない幼稚園側の問題と背景があります。①なぜ園長は「バスを上げろ」という指示を教諭にしたのか②なぜ教諭らは運転手に園長の指示をそのまま伝えたのか③なぜ教諭らは園児をバスに残し、自分たちだけ安全な高台に戻ってきたのか――順に考えてみましょう。

①については判決文を最初に読んだときから、園長が発したとっさの言葉が「園児を連れて来て」ではなく、「バスを上げろ」だったことに違和感を覚えました。

園児や従業員の命を救うための対応は、このとき極めて容易でした。幼稚園から麓の門脇小学校まで大人が走ればわずか数分の距離でした。教諭らが幼稚園そばの階段を下りて小学校横に止めたバスに合流した後、バスをあきらめて放置し、園児や従業員と一緒に幼稚園に戻ってくればよかったのです。

ところが、園長の指示は「園児を園に戻せ」ではなく、「バスを上げろ」だったのです。園長が園児よりも園の財産を津波から守りたかったのだと考えるわけではありません。ただ、園児を愛し、人の命を大切に思う管理者であれば「バスを上げろ」という言葉は出なかったと思われます。また、園児たちを絶対に死なせないと考える園長であれば、小学校に向かって駆け出していたのではないでしょうか。

組織の価値観や風土は、災害時や緊急時に具体的な言動として現れます。園長の指示は、日和幼稚園の経営陣の価値観、組織風土が反映されたものだと私はみます。つまり、二つ目のKの欠落です。

園長の指示をそのまま運転手に伝えた教諭らの行動（②）と、園児をバスに残したまま自分たちだけが幼稚園に戻って来た教諭らの行動（③）は、一体として考える必要があります。日和幼稚園における組織の価値観（組織風土）という二つ目のKと、組織の風通しという三つ目のKの欠落がどちらにも作用していると評価できるからです。まず命を尊重する教育が園に徹底されていれば、教諭らは園児を幼稚園に連れ戻すか、あるいは自分たちもバスに乗り込んで園児を守る行動に出たはずです。人命最優先、人への愛情という価値観（組織風土）がこの組織には欠けていました。

日和幼稚園は風通しのよい組織であったとは言えません。三つ目のKである組織の風通しは、組織に自由な空気が流れ、誰もが自由に意見を言える環境のことです。この点については遺族からさまざまな話を聞きましたが、判決文に書かれていない事実を述べるのはあえて控えたいと思います。ただ、園がもし風通しのよい組織であったならば、園長の指示に対して「バスは捨て、園児と従業員を連れて来ます」と意見が言えたのではないでしょうか。あるいは自分たちと逆行して多数の住民が日和山に避難で駆け上がり、麓では避難する車の渋滞が起きている状況を見て、園長の指示の間違いに気付き、バスを置いて園児や従業員と一緒に園に戻って来たかもしれません。風通しの悪い組織では、従業員が日ごろから自分の頭で考えることなく、上司の指示に従うだけの存在になりがちです。その結果がこのときの教諭らの行動に現れているように感じるのです。

▼七十七銀行女川支店

七十七銀行女川支店（宮城県女川町）の津波被災も、三つのKの重要性を教えてくれます。

七十七銀行女川支店は、海岸から百メートル、海抜〇・三メートルに位置しました。東日本大震災の発生後、支店長は行員らに対し二階建ての支店屋上に避難するよう指示しました。高さは十メートル程でした。その後、屋上を超える高さの津波が押し寄せ、十三人のうち十二人が犠牲になりました。八名は今も行方不明のままです。町は一九六〇年のチリ地震で、四・三メートルの津波に見舞われていました。

支店の近くには堀切山という高台がありました。歩いて三分、走れば一分ほどの距離です。女川町の津波避難場所は堀切山でした。行員の持つ災害時連絡カードにも堀切山が指定避難場所として明記されていました。

支店長は大津波警報を認識していました。気象庁は地震発生直後の午後二時五十分には、宮城県沿岸部に到達する津波の高さが六メートル、場所によってはそれより高くなるとの予想を発表しました。しかし、支店長が堀切山への避難を指示することはありませんでした。

▼被災は残念と判決

遺族は、従業員らへの安全配慮義務違反を主張して、銀行側を提訴しました。一審から最高裁まで、遺族の主張は退けられました。

二審の仙台高裁は①銀行は屋上を超える高さの津波を予想することはできず、屋上への避難を選択したことには合理性があった②午後三時十四分に気象庁は予想される津波の高さを十メートル以上と修正したため、この時点では銀行の屋上を超える津波が予見できた。ただ、宮城県沿岸部への津波到達予想時刻は過ぎており、女川町に津波が到達し始めていたことから堀切山への避難変更は不可能であった——などと判断しました。

しかし、仙台高裁は、同時に判決の中で次の言及をしています。

「津波災害への対応として、襲来する可能性のある津波の高さを確実に予想することができない現状においては、人命の被害をより確実に防止するためには、防災計画や津波警報において想定されている高さを超える津波が襲来する可能性もあることを銘記しておくとともに、想定外の高さの津波の襲来にも備えて、地震発生後直ちに、より安全な場所に避難するよう尽力する必要があるといえる。この点において、津波の高さの予想にかかわらずより安全な場所に避難すべきであるとする控訴人ら（遺族側のこと：引用者注）の主張は尊重されるべきである。そして、この見地から、被控訴人（銀行側のこと：同）が本件津波への対応として堀切山へ避難を指示していれば、被災した行員らの命が救われていた可能性は大きかったといえるから、避難場所として本件屋上が指示され行員らが被災するに至ったことについては極めて残念な結果であるといわざるを得ない」

仙台高裁の異例とも思える言及には、至近距離にほかに類を見ない津波避難場所である高台がありながら、なぜ想定を超える津波が襲来した際に二次避難が不可能となる屋上へ避難したのかという疑問と同時に、救えた命であったとする無念さと、銀行に対し今後同じ被害を繰り返さないよう防災の徹底を求めるメッセージが込められているように思えます。

実際、近隣の海沿いにあったほかの金融機関はどこも適切な避難を実行し、人的被害を回避しました。それだけに七十七銀行が高台ではなくあえて屋上避難を指示し、従業員がこれに従い命を落とした原因を分析することは、再発防止の見地から極めて重要です。

銀行が、行員の持つ災害時連絡カードに指定避難場所として堀切山が明記されていたにもかかわらず、地震のあと屋上避難を選択してしまった原因も、三つのKに基づいて説明できるように思われます。まず一つ目のKである「訓練」を実施していなかったことです。銀行では震災前の二〇〇六年までは堀切山への避難訓練をしていました。震災直前まで同様の避難訓練が続けられていれば人的被害を避けられた可能性が高いでしょう。

▼組織優先のツケ

二つ目のKである組織の価値観（組織風土）、三つ目のKである組織の風通しはどうでしょうか。高裁判決はこれらについて直接触れていません。ただ、判決を詳しく見ていくと手がかりが見えてきます。

まず顧客の財産を預かる金融機関として、行員が持ち場を離れて施設外へ移動することが心理的に難しいことです。支店長をはじめ管理職には相当なプレッシャーがかかっていた可能性もあります。これは組織の価値観に関わります。

判決で言及されている銀行側の震災当時の危機管理マニュアルによると、銀行は津波が発生したときの営業店の初期対応事項に次のことを定めていました。

①地元自治体からの指示事項等の確認および本部報告をする
②人命の安全確保を最優先に、顧客誘導を行う
③直ちに指定避難所または支店屋上等の安全な場所へ避難する
④避難するにあたり、可能な場合は重要物等の金庫室への格納および店舗シャッターの閉鎖を行うなど、当行の資産の保全に努める
⑤本部への状況報告をする

津波避難の初動マニュアルであるなら、避難を最優先しなければなりません。従業員の避難と客の誘導が先です。七十七銀行は、情報の収集・確認や報告を真っ先に挙げて

いました。これは避難の後でよかったのです。取るべき初期対応は時系列で明示するべきでした。管理体制が強化されると組織は「ホウレンソウ」をメンバーに義務付けます。報告・連絡・相談です。平時なら前もって上司に諮ることに意味はあるでしょう。津波襲来の緊急時にまで「ホウレンソウ」を最優先させるのは、この組織特有の風土と受け止められても仕方がありません。

④も組織の価値観（組織風土）の問題と言えるでしょう。この規定がある以上、資産の保全可否を検討せざるを得ず、地震のあと一目散に避難することはできません。人か資産か、それとも、人も資産もか。はたまた、人ではなく資産であるか、と私たちに突き付けてきます。資産よりも人、人がすべてと記すべきなのです。実際、私が防災のお手伝いをしているある金融機関では、津波リスクのある店舗では、避難の際、重要物の金庫への格納や金庫・シャッターの閉扉は不要とマニュアルに明記しています。

第一審の仙台地裁の判決書からは、三つ目のKである組織の風通しの問題も少し垣間見えます。支店長の指示で支店に留まり、屋上に避難することになった行員がそのことを離れた場所にいる妻に告げたところ、「山に逃げて」と言われます。しかし「自分は大丈夫だから、君こそ早く逃げて」と回答していること。同じく支店に留まることになった派遣スタッフが夫に対し「大丈夫?帰りたい」とのメールを送信していたことなどが認定されています。銀行に留まることが危険と認識しつつも、上司の指示に異を唱えにくい雰囲気、自由に避難行動をとりにくい雰囲気、すなわち組織の風通しに問題がなかったか。これらのやりとりは問いかけています。

人命最優先が明記されず、人命最優先の行動指針になっていない組織の危機管理マニュアルは、決して珍しいわけではありません。マニュアルを作成している組織でも、業界団体がまとめたひな型に沿って形式的に作成したり、過去の災害での教訓を参考にせず、立地場所の具体的な災害リスクや、具体的な場面も想定しないで作成したりすることがむしろ一般的でしょう。

危機管理マニュアルの対象となる場所で、まずは起き得る最大の危機が何かを本気で想像してみることが重要です。場所によりハザード(危険)は異なります。最大のハザードが津波の場所もあれば、火災の場所もあります。地震による倒壊危険の場所もあれば、堤防の破堤による水害の場所もあります。裏山が崩れる危険がある場所もあります。一つ目のKである訓練の前に、想定し得る最大の危機が何かを組織内で自由に話し合う必要があります。

その危機が具体的にイメージできれば、取るべき行動は見えてきます。たとえば、職場で想定できる最大の危機が三十分以内に到達する大津波だったとしましょう。情報収集や本社への報告を危機管理マニュアルの初動部分に盛り込もうとする人はいないはずです。決められた場所に、決められたルートで直ちに避難することを危機管理マニュアルは促すことになります。第一章で紹介した三つのSの視点と知識を活用してもらいたいと思います。

▼岩手・釜石のケース

組織防災の三つのKは、岩手県釜石市鵜住居《うのすまい》地区の避難例からも重要性を確認できます。

釜石市では東日本大震災で約千三百人が、亡くなったり行方が分からなくなったりしました。一方で、震災発生当時学校の管理下にあった児童生徒三千人が避難により命を守ったことから「釜石の奇跡」とも称されました。しかし、実際には学校管理下になかった子や保護者への引き渡し後に犠牲になった子がいること、また、適切な避難は日ごろの防災教育と徹底した訓練の結果であることなどから、地元では「釜石の出来事」と表現されることが多くなっています。

大槌湾に面する鵜住居地区は津波で甚大な被害を受けたものの、この地区にある鵜住居小学校と釜石東中学校にいた児童生徒約五七十人の全員が一度は無事避難することができました。最初のKである訓練は、前もって自分たちの手で登下校時の避難計画を立て、津波の脅威を学ぶため年間五～十数時間の防災授業を受けることから始まります。年に一回、鵜住居小学校と釜石東中学校の合同で実施される訓練は、「中学生が小学生を先導する」「まず高台に逃げる」という教えが徹底されていました。この訓練の徹底の背景に、児童生徒の命を何としても守るという人命最優先の学校の価値観、二つめのKがあることは言うまでもありません。

さらに地域と交流し、一八九六年の明治三陸地震大津波や一九三三年の昭和三陸地震大津波、一九六〇年のチリ地震津波の教訓を受け継いできました。三陸地方の言い伝えである「命てんでんこ」「津波てんでんこ」が、「てんでんばらばらに」かつ自主的に避難しないと津波では助からないことを指していることも理解してきました。

それでも実際の災害では不測の事態が起きます。震災当時に鵜住居小学校で授業をしていた教員からは次のような話を聞きました。校長も副校長も不在でした。誰からも避難の指示はなく、校内放送は地震で故障していました。訓練では高台に避難するはずでしたが、一部の児童は教師の指示で校舎の三階に避難していました。鵜住居小学校は、津波避難について最も先進的な取り組みをしていた学校です。にもかかわらず、訓練とは違う行動をしていたのです。

▼修正と風通し

それでも軌道修正ができました。隣の釜石東中学校の生徒が高台に向かって駆け出す姿を鵜住居小学校の児童や教員が校舎から見たからです。その後教員同士で、校舎三階ではなく高台への避難に変更すると声を掛け合いました。小学校と中学校の合同の避難訓練が奏功するとともに、三つ目のKである学校内の風通し、すなわち上下関係にとらわれず、意見を言いやすい雰囲気が軌道修正につながったと考えられます。

こうして第一章の三つのSの二つ目、SAFEの正しい避難場所を選択できた小中学生は約五百メートル先の高台にあるグループホームまで避難しました。建物の裏の崖が崩れるのを見た中学生が教師にもっと高いところに避難しようと言い、さらに高台の介護福祉施設まで移りました。津波が堤防を越えたという声を聞くと、小中学生はさらに高台の石材店まで駆け上りました。この後、小中学校の校舎は津波にのみ込まれてしまいました。

たとえ訓練通りにいかなくても、あるいは予想外の事態が起きても、間違った判断を下してしまっても、速やかに軌道修正できれば命を守ることができます。訓練と併せて、軌道修正できる力の醸成がとても大切になります。その軌道修正の力の根源こそ、組織内の価値観・組織風土と風通しだと私は考えています。

鵜住居地区の子どもたちの命を最優先に考える価値観や風通しのよさを伝えるエピソードを釜石東中学校で聞きました。地震発生後、一部の生徒は避難ルートとは違うルートで慌てて逃げ始めました。フェンスをよじ登り乗り越えようとする生徒がいました。これを校舎内から見た教師は止めようとするのではなく、「そのまま行け！」と生徒の避難行動を促しました。当時三年生だった菊池のどかさんは「校長先生はお父さん、副校長先生はお母さんのような感じ。教師と生徒の距離がとても近く、信頼関係がありました。そして先生同士の仲がよかったです」と口にしました。さらに「先生たちは自分たち生徒を守ってくれると強く感じていました」と振り返りました。鵜住居地区の学校では、一つ目のK（訓練）だけでなく、二つ目のK（人命最優先の価値観）と三つ目のK（組織内の風通し）が児童生徒の命を救ったのです。

▼大槌保育園

岩手県大槌町にある大槌保育園（現おおつちこども園）は、震災当時ゼロ歳児十一人を含む百十三人の乳幼児を預かる保育園でした。

町が指定した避難場所について園では、乳幼児を連れた避難に要する時間や、避難した後の乳幼児のサポートについて大きな不安がありました。警察や消防など関係機関に相談した結果、保育園近くの高台にあるコンビニを避難場所に選びました。震災当日、保育園近くのコンビニにも巨大な津波が押し寄せました。八木澤弓美子園長らは、園児たちを連れコンビニから山に走って向かいました。周囲の協力を得て園児たちを山に引き上げ、九死に一生を得ることができました。

後日、私は八木澤園長の案内でこの山を登りました。途中で登るのを断念せざるを得ないほど、急傾斜が続きました。震災時は無我夢中で保育士が皆で園児を背負ったり、園児のお尻を押したりして約四十人を山に上げたそうです。まさに火事場の馬鹿力です。子どもたちの命を守らなければならないという使命感が尋常ではない力を生み出したのです。保育士と園児たちは日が暮れるまで山に待機し、津波が引いた後、町中に戻りました。

一次避難所となったコンビニで保護者に引き渡した園児七十人のうち、九人が保護者と共に行方不明になったことを八木澤園長は知りました。なぜ園児を保護者に引き渡してしまったのか。後悔と絶望の気持ちに襲われた八木澤園長は、仕事を辞めようと何度も思いました。保育士との再会、助かった園児の保護者たちから寄せられた感謝の言葉を胸に園の再開を決意しました。

再開した園はそれまでの津波避難対策を見直しました。熟慮に熟慮を重ねました。ゼロ歳児を含む多数の乳幼児を避難場所へ確実に移動させ、全員の命を避難後も守り続けるには、町の上流部にある介護老人保健施設を避難場所にするしかないと決めました。

▼車を使った避難訓練

そこへの避難には車が不可欠です。訓練を始めました。津波が来る前に、保育士の車に園児を分散して乗せ、次から次へと介護老人保健施設に移動します。渋滞を避けるためのルートを確認し、確保します。園児や保育士などの顔ぶれが替わる毎年四月は、予告なしの訓練を三回実施してきました。突然の訓練に泣き叫ぶ園児がいます。五月以降も訓練を続けます。おおむね二分以内に全員が車で園を出発できるようになります。

一般の市民のうち、揺れが収まってから二分以内に避難を開始できる人はほとんどいません。そのためおおつちこども園の子どもも大人も渋滞に巻き込まれなくて済むのです。

分散乗車については対策が徹底されています。園の駐車場には番号が振られ、職員は決められた場所に、しかもすぐに発車できる向きで毎日駐車しなければなりません。どの保育士の車にどの園児が乗るかはすべて決まっています。園児たちもそのことを理解しています。園は避難先の介護老人保健施設と緊急時避難協定を交わし、園児に必要なミルクやおむつなど三日分を施設内に保管しています。だれもが手ぶらで避難できる体制になっています。

園児を保護者に引き渡した後に親子で津波の犠牲になった反省から、地震後直ちに避難を開始するため子どもを迎えに来ても園は無人であり、引き渡しは一切しないことを園は保護者に伝えています。

おおつちこども園の取り組みは、第一章で解説した津波避難の三つのSである「SWITCH」「SAFE」「SAVE」を具体化した例だと言えます。防災・避難訓練の徹底と手ぶらで避難できる災害協定の存在が、津波避難のSWITCHを入れやすくしています。この園では三つのSが、本章のテーマである三つのKと結びついているのが特徴です。訓練のたびに責任者を変更します。新しい責任者は、前の訓練で明らかになった課題を捉え直し、改善策を検討しなければなりません。前例踏襲の訓練はすでに過去のものとなっています。どんなに素晴らしい訓練のガイドやマニュアルも、作った瞬間から輝きを失って形式主義に陥ります。訓練に新しい命を吹き込み、すべての関係者が「自分ごと」と受け止め、訓練に対する意見を自由に言えるのがおおつちこども園です。

東日本大震災クラスの地震が起きて津波警報が発令された場合は「保護者の皆さんに関しては、国道45号線等が全面通行止めになることから警報解除になるまでは原則としてお迎えには来ないよう、各自、身の安全の確保に徹底していただきますようお願いいたします。小槌方面にお仕事等でいらっしゃる方については直接あかね会さんへおいでいただき、園児の安全確保のお手伝い等でご協力をお願いいたします」と園は保護者に求めています。

あかね会は園が緊急時避難協定を交わした介護老人保健施設のことです。

他方、東日本大震災を下回る地震で津波注意報が発令された場合は「園児の安全を最優先にした後に、避難するか否かの判断をいたします。一時的に避難する場合には徒歩で『生井沢』に避難することもあります」として、状況に応じて子ども優先のベストの選択をすることを保護者に伝えています。園の柔軟性と応用力は、組織の価値観、風通しによって醸成されたものなのです。

▼防災と組織改善

企業などの組織にとって、防災はコストパフォーマンスが悪いと考えられがちです。巨大地震は百年に一回、千年に一回しかないかもしれません。自分や自分の大切な人が自然災害で命を落とす確率はほとんどないと多くの人が考えるのは自然でしょう。数字だけに目を凝らせば、それは客観的な考え方です。防災に予算を毎年計上して、訓練をし、人的・物的資源を投入するのは無駄だと企業や団体が考えるのも無理はありません。

しかし、人の命を守る防災が力を発揮するのは発災時や緊急時だけではありません。平時にも力を発揮するのです。いや、むしろ平時にこそ力を発揮するのです。三つのKである訓練、価値観、風通しを同時に実現しようとすれば、人命に最大の価値を置かなければなりません。学校なら児童生徒、企業・団体なら従業員や顧客を尊重し、大切にすることから始めなければなりません。三つのKは、平時と災害時、日常と防災をつなぐキーワードなのです。

防災訓練に熱心な保育園は、乳幼児の誤飲・誤嚥からうつぶせ寝、プール・水遊び中の事故まで対策を徹底しています。平時と災害時、日常と防災が一本の線でつながっているというよりも、一つ一つの命によってつながっています。これは企業・団体にも当てはまります。防災に真剣に取り組む企業・団体は人の命を大切にしています。風通しはよく、誰もが働きやすい職場です。パワーハラスメントや職場いじめ、性差別はありません。防災の取り組みがきっかけとなり従業員の命を大切にするようになり、逆に従業員の命が大切だから防災に励むようになるのです。

ギクシャクする職場を変えたいと考えているなら、管理職と非管理職が一緒に防災マニュアルを作ったり、備蓄品を買いそろえたりすることを勧めます。風通しのよい職場になれば、商品開発やマーケティングのアイデアが出てきて利益の増大に結び付きます。人材採用に悩む企業・団体は、防災活動を通して働きやすく安全な職場をつくり上げていれば、就職・転職希望者から選ばれる可能性が大きくなります。災害時に従業員や顧客の命を守り、平時に彼らの満足度を高めるためには、三つのKが必ず組織改善のてこになります。それは組織改善の特効薬なのです。

第三章　取り残される被災住民

災害をうまくかわし命を守っても避難生活が待っています。避難生活の間も命を守り続けること、住まいや暮らしを再建することが次の目標です。

私が最初に東日本大震災の被災地に入ったのは発生二カ月後の二〇一一年五月です。東京電力福島第一原子力発電所事故の被害を受けた福島県南相馬市の避難所を訪ねました。私は当時、静岡県弁護士会の災害対策委員会に所属していました。静岡県弁護士会もメンバーである関東弁護士会連合会が弁護士を被災地に派遣する支援を始め、私も加わったのでした。

南相馬市内の小中学校で被災者の法律相談をすることが私の役割でした。学校は避難所になっていました。私は二つの不安を感じていました。

一つ目の不安は原発事故です。避難所は原発事故のあった福島第一原発から二十～三十キロしか離れていません。事故から時間がたっておらず、安全性に関する信頼できる情報が不足していました。私には放射線被ばくの知識はなく、幼い息子がいたことが気がかりでした。

二つ目の不安は、被災者支援に関する十分な法律知識や経験を持っていなかったことです。被災地で何をすればいいのか。私に一体何ができるのか。相談にどう答えればいいのか。私には分かりませんでした。正直に言うと、「誰も相談に来なければいいな」とさえ初めは考えていました。

弁護士を対象にした被災者支援の研修をするたびに、講師の私が思い浮かべるのは南相馬市を訪ねたときに感じた不安です。被災地に赴く不安、そして知識と経験がない不安です。こうした不安を研修に参加した弁護士から取り除くことも私の役目です。

南相馬市には高性能マスクを持参しました。今から振り返ると仰々しく、放射線防護には全く役に立たないマスクです。それくらい不安は大きく、そして気負っていました。静岡市から新幹線に乗りレンタカーを運転してたどり着いた南相馬市の沿岸部は、目を覆うばかりの光景が広がっていました。津波の痕跡は生々しく、車は横転したままになっていました。

津波は被災したエリアと被災しなかったエリアを明確に分けます。地震とは違う点です。津波の到達したエリアは現実とは思えない惨状が広がるのに対して、津波が到達しなかったエリアは到達したエリアとわずか一メートル違っても平穏な景色が広がります。この津波による被災の線引きが被災した人たちの間に格差を生み、人間関係を難しくします。ひいては生活再建や地域復興に大きな影を落とすことになります。私はそのことを後に土石流災害の現場でも知ることになります。

南相馬市の避難所は大雨に見舞われていました。ぬかるんだ小学校のグラウンドで私の乗るレンタカーが立ち往生しました。同乗者とレンタカーを押してぬかるみから脱出しました。全員ずぶぬれです。放射線被ばくの不安は知らぬ間に吹っ切れていました。体育館に避難した人たちが雑魚寝をしていました。彼らは誰一人として放射性物質を防護するマスクなど着けていませんでした。

▼困り事ありませんか

体育倉庫が法律相談の場所に割り当てられました。「弁護士さんが来てくれました。法律相談がある人は体育倉庫まで」。校内放送を通じて何度か案内が流れましたが、いくら待っても一人も来ませんでした。

実は私は内心ほっとしました。被災した人たちの相談に乗った経験や知識がない上に、彼らに配布する相談事例集やパンフレットもなかったからです。このまま黙って時間が過ぎていけば、相談者や相談内容をあれこれ勝手に想像しておびえる必要はないと思いました。しかし、次第に別の考えを持つようになりました。「相談は一件もありませんでした」と静岡に戻って報告していいのか。そして、自分たちは一体何をしに来たのかと自問しました。

その場にいた三人ほどの弁護士で急きょ話し合いました。何もせず静岡へ戻るわけにはいかない。雑魚寝している避難者を手分けして回ろう。「困り事はありませんか？」と尋ねよう。それでも相談がなければ仕方ない。やれることはやろうという結論になりました。

実は「困り事はありませんか?」という問いかけは、できれば避けたい質問の仕方です。私が講師を務める研修でも「避けるべき表現」の代表に挙げています。当時は何もかもが無知でした。

「困り事はないですか?」「大丈夫ですか?」と聞かれると、ほとんどの人が「ありません」「大丈夫です」と答えます。会話もそれで終わってしまいます。南相馬市の避難所でも「困り事はないですか?」「相談事はありませんか?」と尋ねると、判で押したように「大丈夫です」「ありがとう」の言葉が返ってきました。

今なら「罹災証明書は申請されましたか」「義援金の申請はお済みですか」「これから受けられる支援制度について説明は受けられましたか」「こういう冊子は既にお持ちですか」と尋ねます。生活再建の歩みが順調かどうかについて具体的に聞きます。具体的な質問には具体的な回答があります。被災した人たちが発するSOSを聞き逃しにくくなります。

私が避難者に声を掛けて回ると、皆さん、やさしい人ばかりでした。「わざわざ静岡から来てくれてありがとうね」「静岡のどこからきたの？」「人生で弁護士っていう人に今日初めて会ったわ」と声をかけてもらいました。雑談を交わしていると、初めは輪郭しか分からなかった困り事の核心が理解できるようになりました。地震と津波で家は壊れ、原発事故で故郷を追われた人たちです。困り事はあるに決まっている。というか、困り事しかないような状態でした。

▼最初の相談

最初の相談は鮮明に覚えています。雑談の最中に出てきた話です。経営する美容院の店舗が賃借家屋である女性の相談でした。原発事故で避難指示が出たため地元を離れ、避難してきたそうです。美容院再開の見通しが立たず、店舗は設備を含めてそのままの状態。家主に明け渡していない以上、家賃を払い続けないといけないのかという内容でした。

避難者から相談されて私の表情が明るくなったかもしれません。それが法律問題だったからです。被災地支援の経験がない私でも答えられると思いました。

「家賃を払う必要はありません。賃貸借契約は借りている家屋を使えることが賃料発生の大前提です。だから原発事故の影響で建物を使えない今の状態では家賃は発生しません」とすぐに答えました。女性の顔がぱっと明るくなりました。「それを聞けて本当に安心しました。収入が全くなくなった今、家賃の心配をせずに済みます。ありがとう」と言われました。

静岡市に戻る帰りの新幹線で二つの感情が交錯していました。一つは来てよかったという素朴な感情です。避難所の人たちにわずかでも喜んでもらえたことが本当にうれしかったのです。一方で、これからの生活再建に役立つ情報を伝えられなかったことを悔やみました。そして、準備不足のまま被災地に入ったことを猛省しました。

▼法律相談の一歩手前で

私は当時、生活再建に役立つ支援制度の知識はなく、その前提となる罹災証明書の知識もありませんでした。弁護士が被災地ですることは法律相談だけだと勝手に思い込んでいたのです。

被災した人たちへの法律相談はもちろん必要です。家族が亡くなれば相続や相続放棄の問題が出てきます。隣家が倒れてくれれば損害賠償を含めた相隣関係の問題に直面します。借りた家屋が使えなくなれば賃貸借関係の問題が表面化します。法律問題は無数に生じます。弁護士や司法書士など専門家の役割は小さくはないでしょう。

しかし、災害の規模が大きくなればなるほど、多くの被災者が直面するのは「今日明日の問題」です。安全にかつ健康に過ごせる住宅がない。今後の生活や住宅の再建について何から手を付けたらいいのか分からない。収入が途絶えたり減少したりした。夫婦や家族の間の口論が絶えない。相談相手がいない……。

福島県で被災した人たちは自然災害だけではなく、原発事故の影響でさらに厳しい状況に追い込まれました。深刻だったのは「故郷に帰れるのか」という見通しすらつかないことでした。福島の現実を目の当たりにした私は、「弁護士は法律相談以外にもできることがあるのではないか」「法律相談の一歩手前の支援が必要なのではないか」と思案するようになりました。

▼道しるべこそ必要

被災した人たちには、「再建の道しるべ」が必要です。罹災証明書の申請から、加入する保険や共済についての窓口への連絡、被害の記録まで、やらなければならないことが山ほどあります。優先順位を付ける必要もあります。期限を区切ったおよその目標が不可欠です。いつまでに何をすればいいのか。どこに向かって歩いていけばよいのか。「再建の道しるべ」は分かりやすくなければいけません。

日常を一瞬にして奪われ動転しているときに、難しい言葉で詳細に書かれた文書を冷静に読むことはできません。もっと大きな字で、もっと絵を使って、もっと易しい言葉遣いでというのが被災した人たちの要望です。

二〇二二年九月に静岡県に大雨を降らせた台風15号では、静岡市に限っても、床上浸水千二十六棟、床下浸水千六百十九棟の合計約二千六百棟の被害が生じました（二三年八月末の静岡県の最終まとめ）。

被災した人たちの相談カードには「今後何をどういう順番で取り組んでいけばいいいの

か分からない」「床上浸水した。どうすればよいか分からない。今後の方針で妻とけんかになり、妻ともども精神的に参っている」「行政から被災者支援制度の案内文書が届いた。見れば見るほど分からなくて相談に来た。自分が使える支援制度を知りたい」などと記されていました。

「再建の道しるべ」の情報をめぐり変化の兆しがあります。国や自治体が作る支援制度の情報に図表が増えてきました。イラストも目立つようになりました。少ない文字で概要を伝え、詳細は別のページで確認できるという工夫が一部で見られるようになりました。

二〇二四年元日の能登半島地震で被災した人たち向けに、石川県輪島市がまとめたパンフレット『「住まい」のことでこまったときに』は、大切なことが易しく書かれた「道しるべ」です。

パンフレットは「もらえるお金」「仮設住宅に入りたい」「住まいを解体する」「住まいを建てかえたい／新しく買いたい」「残ったローンが大変」「生活費にこまっている」の項目ごとに図表とイラストをふんだんに使い、生活再建に利用できる制度を易しく解説しています。

パンフレット作成のきっかけは、輪島市の福祉課職員羽村龍さんが抱えていた悩みでした。もっと高齢者や障害者など災害弱者の目線で情報を発信できないか。役所の先輩で災害対応に長けた市被災者生活再建支援課の倉本啓之さん、仙台市のＮＰＯ法人「ワンファミリー仙台」理事長立岡学さんに相談し、休眠預金等活用事業の助成事業として輪島市の協力のもと制作にこぎつけました。発行元はＮＰＯ法人のワンファミリー仙台とＹＮＦで、私が監修しました。輪島市のＨＰからダウンロードできます。

▼災害ケースマネジメント

被災した人たちには発災直後の初動期から応急対応期、復旧・復興期まで、時期によって活用できる支援制度に関する情報が必要です。応急対応期の医療、福祉については、被災地に派遣された医療従事者や保健師らが中心となり支援活動に当たります。ところが、生活再建の道筋や目標を分かりやすく示してくれる人はほとんどいません。

多くの自治体で、職員は支援制度や生活再建に関する研修を受けていません。頻繁に繰り返される人事異動により、被災地支援の経験や知識の継承も難しくなります。さらに大災害の発生直後は、自治体そのものがパニック状態に陥っています。人命救助、インフラ復旧、避難所の確保と運営、市民からの問い合わせ、国などへの報告とそのための調査、マスコミ対応、災害救助事務などに職員は忙殺されます。意図せず、生活再建支援は後回しになっていきます。

「災害ケースマネジメント」は、後手に回ってきた生活再建支援の反省に立った手法です。「被災者一人ひとりの被災状況や生活状況の課題等を個別の相談等により把握した上で、必要に応じ専門的な能力をもつ関係者と連携しながら、当該課題等の解消に向けて継続的に支援することにより、被災者の自立・生活再建が進むようにマネジメントする」取り組みだと内閣府は説明しています。内閣府が自治体向けに作成した「災害ケースマネジメント実施の手引き」には、私が作った支援制度のツールも紹介されています。

しかし災害ケースマネジメントがたとえ注目されても、被災した人たちの生活再建は簡単には進みません。支援制度の利用を原則、自分で申請しなければならないからです。

この「申請主義」の仕組みは、避難所や仮設住宅にいる人たちや在宅避難者にとって大きな障害になります。罹災証明書から義援金の配分、被災者生活再建支援金の支給、仮設住宅の入居、自宅の公費解体、災害救助法に基づく自宅の応急修理まで、意味や適用範囲、手続きの仕方を勉強し理解しなければなりません。申請主義に基づく生活再建支援の制度は、弱い立場にある人たちの味方にはなっていません。それに加えて、行政から提供される情報も不足しているのです。

▼二極化する被災住民

被災した人たちの間で「強者」と「弱者」の二極化が生じます。強さと弱さは、被災の程度や状況と必ずしも結び付いてはいません。経済力、健康、年齢、障害の有無、家族関係、知人の有無、情報収集の得手不得手などさまざまな要素が絡み合い影響します。

強者と弱者の違いは日ごろの法律相談でも感じることがあります。「インターネットで調べたらこう書いてあるんだけど、これは正しいですか?」と尋ねられることが増えています。弁護士と対面する法律相談で、インターネットで得た情報と照合するわけです。上手な弁護士の活用法だと思います。弁護士にとっても対応は楽です。「はい、その通り」と述べて相談は終わるからです。生成ＡＩの技術が進歩すれば、こうした法律相談はさらに増えるでしょう。

二〇一九年十月に日本へ上陸した東日本台風の被災相談会のときのことです。静岡県伊豆の国市の市庁舎に設けられた相談ブースに私は待機していました。一人暮らしの学生がやって来ました。彼によると、住んでいたアパートの一階が床上浸水し住めない状態になったそうです。家財はすべて使えない。引っ越し費用のほか、新たに住むアパートの敷金、買い替えが必要な家具や家電製品の費用を工面することはできないと彼は言いました。

私が支援制度の案内を始める前に彼は口を開きました。「インターネットで調べたら災害援護資金貸付というのがあった。半壊以上の罹災証明書の人しか対象にならないようだ。自分は準半壊なので申請できないと思ったが、表には、家財の三分の一以上の損害があれば百五十万円借りられると書いてある。自分はこれに該当するのか」

彼は非常に強い被災者だと私は思いました。室内の被害状況を彼から聞き取り「該当するでしょう」と答えると、顔が安堵の表情に変わりました。申請の窓口を案内し、あっという間に相談は終了しました。

支援側のマンパワーには限界があります。それは行政も民間も変わりありません。被災した「強い人」にはできるだけ早く生活再建を進めてもらい、支援側のマンパワーを「本当に支援を必要とする人」に集中させる必要があります。そのためには「強い人」がインターネットで検索すれば必要な情報に簡単にたどり着けるよう、情報公開システムを整備したり相談窓口を早期設置したりすることが極めて重要です。

本当に弱い立場にある人は被災後身動きすら取れないケースが少なくありません。福島第一原発事故により故郷を追われた人たちへの支援活動をしたときにとても驚いたことがあります。地元の行政書士と仮設住宅を訪ねると、原子力損害賠償を案内する封筒を開けていない人が多かったからです。東京電力から送られてきた封筒には、賠償金請求の手引きが入っており、記入して提出すればまとまった金額の賠償金が手にできました。

地元の行政書士とタッグを組んだ支援活動は、仮設住宅で東京電力の封筒を開けることから始まりました。想像と全く違う活動でした。

福島県で被災した人の多くは原発事故の被害者でした。避難区域は福島第一原発を起点にした半径の距離によって異なりました。距離に応じて形式的に設定された区域の種類によって受けられる賠償金は大きく異なりました。この線引きが地元の人間関係をこじらせ、後々まで地域の復興に影響を与えました。

東京電力の封筒には、分厚い賠償の手引きが入っていました。まるで昔の分厚い電話帳のようでした。お年寄りが封筒を開ける気にならなかった気持ちが分かりました。弁護士の私ですら、手引きに記された文字の多さに圧倒されました。

弱い立場の人、あるいは苛酷な被害を受けた人たちの状況と心情を十分に理解しないと、情報発信を含めた手続きに問題がなければ構わないと思いがちです。それは東電などの企業も自治体も国も同じです。被災地の人たちに必要なのは分厚い資料ではなく、現実の支援です。現実の支援が届くためにはどうすればいいのかを弱い人の立場で考える必要があります。これまでに国が弱い人に本気で寄り添っていたら、申請主義にがんじがらめになった支援制度の運用は見直されていたに違いありません。

災害救助法をめぐる国の災害救助事務は「災害救助事務取扱要領」に基づいて進められます。関西大学の山崎栄一教授によると、二〇〇一年に中央省庁が再編される前、災害救助法は生活保護を担当する旧厚生省社会・援護局が所管していたことから「生活保護」の災害版と位置付けられるそうです。たとえば、災害救助法で使われる特別基準という用語は生活保護手帳にも存在します。災害救助事務取扱要領の冒頭には災害救助の基本的な考え方が示されており、そこでは被災した人たちの権利に応えるというよりも、国による恩恵措置の面が強く表れていると山崎教授は指摘しています。災害救助法は現在、内閣府が所管しています。

▼申請主義という壁

二〇二一年春、アメリカ合衆国内国歳入庁（IRS）の発行する新型コロナウイルス対策給付金（EIP）小切手が日本に相次いで届きました。小切手を手にした人は、かつてアメリカに暮らし、アメリカの年金を受給している日本人でした。小切手の金額は千四百ドル（十五万円余り）。差出人欄に「U. S. DEPARTMENT OF THE TREASURY」

と書かれた封書に入っていました。アメリカ財務省のことです。日本の外務省は同年五月、「小切手が届いても、受給資格がない場合には、換金せずに返還することが米国政府から求められています」と注意を促しました。このいきさつを取り上げた報道を見て、被災した人が申請しないと支援が受けられない日本の申請主義との違いに驚きました。

日本型の切り捨て申請主義に対して、拾い上げるアメリカ型申請不要主義です。日本とアメリカの単純な比較はできないことは十分分かっています。それでも被災した人の立場からすると、申請手続きが要らない「プッシュ型給付」の方が断然ありがたいのです。

二〇二二年九月の台風15号の被災をめぐり、申請手続きがあわや時間切れになるケースに出くわしました。一人暮らしをする高齢の男性は、自宅が床上浸水の被害に遭いました。被災から半年近くたっても、火災保険の水災補償から義援金、自治体の見舞金まで何一つ申請していませんでした。自治体に私が確認すると、ちょうどその日が義援金の申請期限でした。本人の了解を得て、申請に必要な書類をそろえました。私たち弁護士と静岡市地域支え合いセンターのメンバーが協力し合い、申請は間一髪間に合いました。一人暮らしの弱者のケースは、サポートが遅れると支援の網からこぼれ落ちて、泣き寝入りするほかありません。

高齢者を訪ねる機会のある保健師やケアマネージャー、ヘルパーの存在は極めて重要です。住宅の応急修理や各種支援金などの支援制度の活用に関する知識が彼らにあれば、支援の取りこぼしは少なくなるでしょう。

生命保険会社や損害保険会社、共済事業者も被災した人たちを対象にしたサービスを強化しています。保険金や共済金の迅速な給付だけでなく、契約者の生活再建を目的とした説明会や相談会を開くケースや、従業員や外交員、関係先などへの支援制度の研修を行うケースも出てきました。私もお手伝いをしています。また、東京海上日動火災保険の「支援制度早わかりサービス（チャットボット）」はＩＴ技術を使った生活再建情報収集ツールの一つと言えます。同社のＨＰで平時のうちに試してみましょう。

地震や大雨で被害を受けた住宅や生活の再建を、「公助」に当たる公的支援制度の利用だけで実現するのは難しいのが現実です。「自助」にあたる保険や共済によって「公助」の足りない部分をカバーすることを考える必要があります。

私が参加した相談会でも、保険や共済に加入していなかったり、再建に十分な保険金や共済金が支払われる契約内容にしていなかったりする人がこれまで目立ちました。地震保険の未加入や火災保険における水災補償の未加入が多く、中には加入していたはずだと誤解している人までいたのです。契約の見直し、再確認も大切です。

▼内水氾濫の被害特徴

川の水があふれる「外水氾濫」に対し、市街地で水があふれるのが「内水氾濫」です。内水氾濫では雨水の排水が追いつかず、下水道や用水路、マンホール、排水路などから水があふれます。国土交通省の水害統計によると、二〇〇九～二〇一八年の浸水棟数のうち、内水氾濫による浸水は六四％（約二十一万棟）で、外水氾濫による浸水は三六％（約十二万棟）でした。内水氾濫は被害の痕跡が見えにくいという特徴があります。水位が上がり家屋が浸水しても、水位がその後下がれば建物の外にはわずかな痕跡しか残りません。数日もたてば被害は分からなくなります。

家の中は手が付けられない状態です。床上浸水では家財が廃棄を免れません。床や壁に使われている繊維系の断熱材は泥水を吸えば全交換が必要となります。床や内壁の交換が必要になることもあります。床下には堆積した土砂が残ります。独特の異臭が漂います。浴室を含む水回りの被害も甚大です。平屋建て住宅や二階建てアパートの一階に住む人は住居を失います。浸水後の内情は外からは見えません。

水害の被害は住宅ばかりではありません。被災した人の心にも大きな傷を残します。先の台風15号の大雨被害で、私のいる相談ブースを訪れた男性は開口一番、「とにかく話を聞いてほしい」と言いました。九死に一生を得た体験を誰かに聞いてほしかったのです。

彼はアパートの一階に暮らしていました。浸水は床上一《メートル》五十《センチ》に達しました。溺死を恐れベランダに逃げました。水位は上昇し、泥水が首元まで来ました。握りしめていたスマートフォンを掲げて一一〇番すると、同様の通報が相次ぎ警察では対応できないと謝られます。あきらめているとやがて水位が下がり始めました。命の危機に長時間さらされたことにより、彼の心には深い傷が残ったままでした。

被災した人の話を傾聴するための窓口を設けることが大切であると私は痛感しました。

苦しんだり困ったりした人の話を「評価」するのではなく、じっと聞いて理解し、共感する姿勢が弁護士や司法書士ら相談員の側にも求められます。

彼は郊外の会社に勤めていました。被災後に「しばらく休みを下さい」と会社に電話すると、社長から「来てもらわないと困る。お前は自宅にいられないのかもしれないが、避難所で三食もらえるんだろ。よかったじゃないか」と言われました。社長は彼をモノとしか扱っていなかったのです。彼の心は折れました。

実はそのとき、避難所は避難指示解除により閉鎖され、彼が食料の提供を受けられる避難所そのものがすでにありませんでした。このため安いビジネスホテルを転々としていました。相談ブースで「残りはこれだけしかない」と言って、財布の中身を私に見せてくれました。彼の例は、内水氾濫の被害の見えにくさが、被災した人への共感の不足、支援の不足を生んでいる典型です。

被災したのは私だけではない。周りもみんな同じ。自分よりもひどい人がいる。話してもきっと理解されない。特に家族間の生々しい話は他人には話しにくい。さまざまな理由により被害経験を分かち合うことが被災地で難しくなります。それが外部から見た分かりにくさをさらに助長します。

社長から心ない言葉を浴びた男性に真っ先に必要だったのは、法律相談でもなく支援制度の情報でもありませんでした。彼の心を守ることです。絶望せずに生き続けてもらうための手立てです。命と健康さえあれば、生活再建の相談は後からいつでもできます。私は相談ブースから、心の相談センターに電話しました。担当者が信頼できそうだと電話口で感じたことから、本人に代わって予約をその日に入れました。

▼集まりにくい義援金

内水氾濫のように外からは見えにくい災害があることが分かりました。外から気付くのが難しいため、被災した人の置かれた状況や心情は放置されます。その結果、支援が遅れ、生活再建に悪影響を与えます。

見えにくい災害にどう対処したらよいのでしょう。

まずは、発災直後の被災地を国や自治体のトップや担当者が視察することです。被害の実態を目で確認し、被災した人たちの声に耳を傾けることです。それがリーダーや担当者の責任です。

次は、被災した人たちが声を上げることです。地域としてまとまるとさらに効果的です。支援者、ボランティアがその声を後押しすることも大切です。一人では難しくても、お隣さんやご近所さん、相談員の弁護士や司法書士、建築士、地元議員などの支えを得て意見を述べ、要望し、申請し、発信するのです。

水害の被災相談は、住む家を失ったことや住まいの修繕に関する問題が圧倒的に多いです。自宅に住めなくなった人たちは親類宅に身を寄せたり、車中泊を続けたり、知人宅を転々としたりします。私がつらくなるのは、被災した人が周りに苦労を掛けたくないと考え、今夜泊まる場所がないにもかかわらず、「今日までお世話になりました。幸いなことに次に行ける場所が決まったので今日で失礼します」などと嘘をついて、その日また寝る場所を探すようなことさえあることです。こうした話を相談ブースで聞くたびに胸が張り裂け、怒りを覚えます。避難所が必要な人には避難所を与えなければいけないのです。台風や大雨で開設された避難所は、避難指示が解除になっても、ニーズの可能性がある間は閉鎖してはならない。自治体はこれを強く認識する必要があります。

被害が見えにくい災害では、義援金やボランティアが集まりにくいという特徴もあります。静岡県の例を挙げると、二〇二一年の熱海市伊豆山の土石流災害、二〇二二年の台風15号の災害を比較することで実態が分かります。土石流が家屋を飲み込む映像がテレビで繰り返し流された熱海市の災害は、熱海が有名な観光地であることもあり、被災家屋数に比べて多額の義援金が集まりました。一千万円を超える義援金が全壊世帯に配分されました。被害が見えやすい災害だったと言えます。

これに対し、被害が見えにくい内水氾濫が中心だった台風15号の被害に関しては義援金の額は少なく、被害世帯数が多かったこともあり、静岡市を例に取ると全壊世帯への配分は五十万円にも満たなかったのです。

義援金の配分額やボランティアの数の差は、被災した人たちの生活再建に大きな影響を与えるため、自治体やマスメディアは人びとの関心が高い発災直後から支援を呼びかける継続的な情報発信をする必要があります。

私はかつて地元テレビ局の夕方のニュース番組にコメンテーターとして出演していたことがあります。ある災害が発生した直後、義援金を呼びかけようと放送前に打ち合わせました。番組スタッフが調べると、自治体が義援金の口座を開設していないことが分かり、やむなく義援金の呼びかけを見合わせました。発災直後がもっとも市民の関心が高まるのに、なぜ義援金口座が開設されていないのか、非常に残念に思いました。

被害が見えにくいことで、罹災証明書が適切に判定されないケースも出てきます。これらについては第五章で取り上げます。

第四章　生活再建をあきらめない

「必ずや生活再建は出来ます！」

二〇一八年の西日本豪雨は、広島など各県に甚大な被害をもたらしました。被災した人たちの支援活動に取り組んだ広島弁護士会の今田健太郎弁護士は生活再建の教訓を「水害直後　弁護士からの10か条」にまとめました。冒頭の言葉は10か条の最後にある言葉です。

どれほど大きな被害に遭っても、あきらめなければ時間はかかっても、生活を再建することはできます。だから決して焦らず、無理をしすぎないでくださいとの意味がこの言葉に込められています。

水害の多くは暑い時期に発生します。被災した人たちは猛暑の中で作業を頑張り、精神的に追い込まれたり熱中症に見舞われたりします。浸水被害に遭った自宅の床下に潜って続ける泥出し。水を吸って信じられないほど重くなった畳を持ち上げる作業。床や壁、室内の掃除。そして家財の廃棄など終わりが見えません。お年寄りには負担が大きすぎます。

家屋の被害を最小限にとどめるためには、カビ対策を含めて適切に対応する必要があります。

二〇二三年と翌二〇二四年に静岡県の主催により、浸水した家屋の応急対応をする技術講習会が県内各地で開かれ、私も協力しました。

浸水した家屋の対策のうち、最も大切なのは乾燥です。必要な場合は送風機を使い一カ月から二カ月ほど乾燥させます。床下に消毒剤をまいて安心する人がいますが、泥を除去ししっかり乾燥させないと消毒は効果が乏しいのです。壁の内側や床下にある断熱材にも注意が必要です。グラスウールのような繊維系の断熱材は吸水するとカビを発生させる温床になります。

「震災がつなぐ全国ネットワーク」がまとめた冊子『水害にあったときに』は、浸水

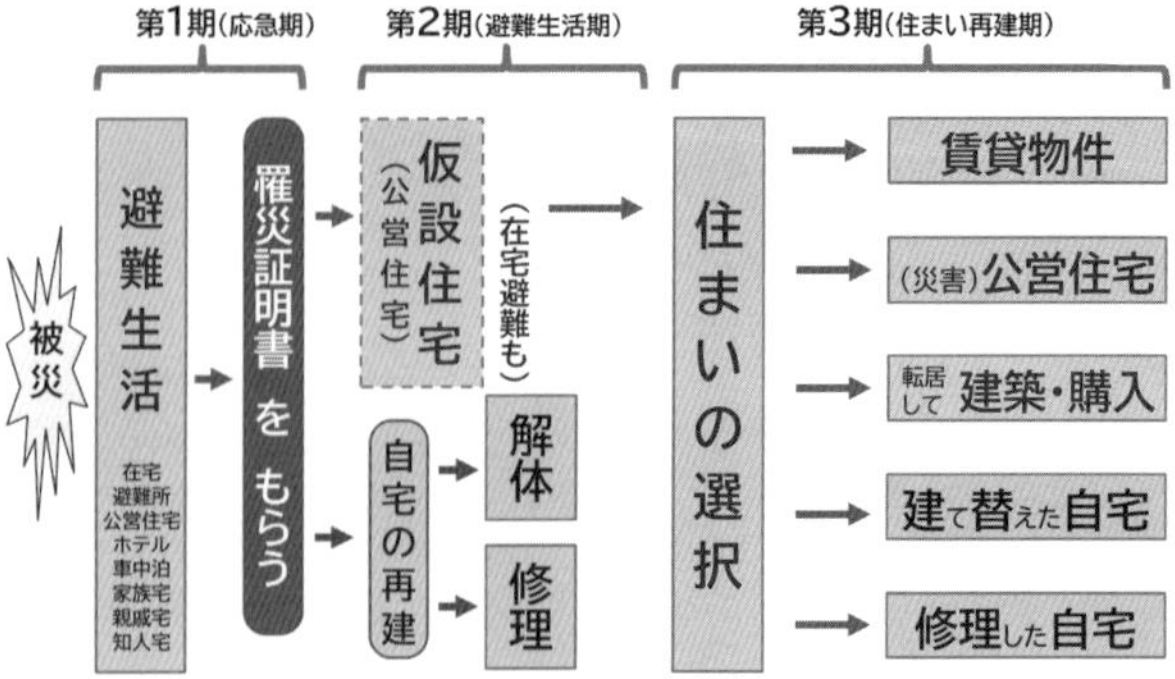

図４．住宅再建の大まかな流れ

被害に遭った人たちの生活再建をサポートする手引きです。家屋の片づけと掃除については全ページの三分の一を割き、「被害状況を写真に撮る」から「電気・水道・ガスが復旧する前に」までの六項目を解説しています。同ネットワークは、災害支援・防災ＮＰＯ・ボランティア団体などで構成する全国ネットワーク組織として知られ、パンフレット「床上浸水後の家屋への適切な対応」も作成（協力：風組関東／ＭＦＰ）しています。

図４は大まかな住宅再建の流れを示しています。被災直後の応急期（第１期）、その後数カ月から数年単位に及ぶ避難生活期（第２期）、そして最終的な再建期（第３期）の全三期に分けて考えると流れが整理できます。

▼被害状況をまず撮影

二〇二四年元日に起きた能登半島地震の二日後、私は「能登半島地震支援情報瓦版」を発行しました。そこに第一期の応急期における再建の進め方・流れを例示しました。内容は次の通りです。

①自宅などの被害状況を写真・動画を撮影して記録
②加入している火災（地震）保険や共済への連絡
③罹災証明書の自治体への申請
④自宅の片付けなどをボランティアセンターに相談
⑤罹災証明書の入手後は具体的な支援制度を検討
⑥住宅ローンの返済などに困ったら被災ローン減免制度（正式名称・自然災害債務整理ガイドライン）を検討
⑦再建の方法は焦らず、ゆっくりじっくり考える

応急期の要点を見ていきましょう。まずは被害状況の記録です。

生活再建の一歩は、罹災証明書の申請からとよく言われます。市区町村が発行する罹災証明書の判定結果が、被災した人が利用できる支援制度の範囲を決めることになります。被害実態にふさわしい罹災証明書を発行してもらうためには、被災直後の被害を正確に記録しておくことが大切です。記録があることで罹災証明書の申請においても、保険金や共済金の請求においても有利に働くことがあります。被害を記録せずに、片づけや掃除、応急修理に追われると、実際の被害が分からなくなり、自治体の被害調査や保険会社の被害認定で低く評価されることになりかねません。こうした過小判定は残念ながら被災地の一部で起きています。

たとえば、水害で記録に残す際のポイントは冊子『水害にあったときに』に解説されています。それによると、写真は①被害の様子が分かるように撮る②特に浸水した深さが分かるように、家屋の外を色々な角度から撮る③室内の被害状況も分かるように撮る④屋外にある自動車、物置、納屋、農機具などに加え、システムキッチンや洗面台など屋内の住宅設備、濡れてしまった家具などを撮る⑤被災した人が必要だと思う数の三倍の写真を撮る――よう勧めています。

▼動画の撮影を

写真と並んで、動画の撮影を私は提案しています。安全確保を優先した上で、可能なら動画でも撮影すべきです。写真に比べて撮り損ねる場面が少なく感じられ、写真と併用することで撮影漏れを十分に防ぐことができます。余裕があれば、屋内と屋外をアップで撮ったりロングショットで撮ったりします。高画質モードで撮影しておくと、後に静止画をきれいに切り出すことができます。罹災証明書の発行に関する住宅調査は、屋根、柱（または耐力壁）、床（階段を含む）、外壁、内壁、天井、建具（窓、出入り口、サッシ）、基礎、設備（システムキッチン、洗面台、便器、ユニットバスなどの水回りやベランダ）が対象となるので、これらの個所の損傷がはっきり分かるように撮影するのがポイントです。

屋根の上からの撮影は危険です。余震が続いている間に屋内で撮影するのも危険です。応急危険度判定で「危険」とされた赤色の紙、「要注意」とされた黄色い紙が張られた住宅への立ち入りは避けた方が無難です。被災状況を示す写真などがなくても住家の被害認定はされますので過度の心配は要りません。被害の記録を残そうとするあまり、二次被害に遭っては元も子もありません。

住宅への浸水や土砂流入の被害については、浸水の高さや土砂の堆積した高さが罹災証明書の判定に関係します。外壁に付着した泥や水の跡を巻き尺と一緒に写真・動画を撮影しておくと判定がスムーズに進みます。巻き尺がなければ、人が横に立って撮影しても構いません。浸水が床上なのか床下なのか、床上の場合は何センチの浸水かがおおよそ分かればいいのです。

▼ボランティアセンターの活用

応急期の二番目と三番目の要点は、保険や共済への連絡、市区町村への罹災証明書の申請です。災害時は、家族の協力や近隣住民の助け合いが威力を発揮します。日ごろ培ってきた町内会や自治会の人間関係が、保険金や共済金の請求にも役立ちます。「保険会社にはもう連絡した？」「同じぐらいの浸水だったお隣さんは半壊の罹災証明をもらったみたいよ」。孤立しがちな独居老人や障害を持った人へ「共助」は優しく手を差し伸べます。

四番目は災害ボランティアセンターの活用です。被災地へ支援に駆け付けたボランティアの受け入れと割り振りから、ボランティア団体の調整、資機材の貸し出し、情報発信までを担う組織が、災害ボランティアセンターです。被災地の市区町村社会福祉協議会に設置されることが多くなっています。被災した人は遠慮せずに、災害ボランティアセンターに何でも相談することが大切です。

水害では家屋の床下にたまった土砂のかき出し、廃棄する家財や畳の運び出しなどをボランティアが率先して手伝ってくれます。彼らの活動はテレビのニュースでよく取り上げられているので、活動内容を知っている人は多いと思います。最近では「技術系ボランティア」と呼ばれる人たちの活動が注目されています。床下や屋根上の作業、重機の取り扱いなど専門の技能を使って家屋の応急復旧などをサポートしてくれます。ただ、技術系ボランティアは参加人数が増えているとはいえ、一般のボランティアに比べて絶対数が少ないことから、被災地のニーズにすべて応えることはできないのが実情です。

それでも技術系ボランティアの支援が受けられないかどうか、災害ボランティアセンターに相談してみましょう。

水や食料がない、住む場所がない、当面の生活費がないといった事態になったとしても決して絶望しないでください。ボランティアセンターや弁護士など専門家の無料相談窓口があります。どんな相談でもできます。

本書の内容からも分かるように、弁護士は被災地では法律相談だけの専門家ではありません。今後の生活再建を一緒に考え、支援制度などの情報も教えてくれます。すべてに困っていて、どんなことを相談したらよいか分からないという人ほど無料相談に足を運んでみてください。相談してすぐに解決できない問題でも、多くの人が声を上げるほど被害の実態が認識され、運用改善や追加支援につながります。

▼検討したいローン減免

六番目の要点は被災ローン減免制度の利用についてです。

住宅ローンが残っているのに自宅が全半壊した。住めない自宅のために毎月ローンを返済する経済的余裕がない。住まいの復旧再建に必要な多額の費用をどう工面すればいいのか分からない。

被災した人にとってローンの悩みは生活再建への重圧になります。災害救助法が適用された自然災害をめぐっては、住宅や教育などの個人ローン返済が困難になった人を対象にした減免の制度があり、ローンが減額されたり免除されたりする可能性があります。この仕組みを知らないと、自己破産するしかないと思い詰めることになってしまいます。特に金融機関に返済額の変更（リスケジュール）を相談する前に、地元の弁護士会に相談し、被災ローン減免制度の利用を検討する必要があります。

▼避難生活期

自宅が被災すると、避難生活は発災当日から始まります。自宅で避難生活を送る在宅避難のほか、避難所での仮住まい、車中泊、親類・知人宅への避難などさまざまな形があります。

第二期の避難生活は、応急期を超えて継続する長期間の仮住まいを想定しています。

典型例は応急仮設住宅での避難生活です。発災から続く在宅避難も該当します。応急仮設住宅は、最長二年間の貸与期間だと発災直後には説明されます。特定非常災害に指定される大災害では、必要に応じて貸与期間が延長されます。

特定非常災害に指定された大災害には、一九九五年の阪神・淡路大震災、二〇〇四年の新潟県中越地震、二〇一一年の東日本大震災、二〇一六年の熊本地震、二〇一八年の西日本豪雨、二〇一九年の台風19号、二〇二〇年の七月豪雨、二〇二四年の能登半島地震があります。

東日本大震災では二〇二四年八月末時点でも応急仮設住宅に入居している人がいます。熊本地震でも発災から約七年間、応急仮設住宅への入居状況が続きました。二年たてば仮設住宅から追い出されるというのは大災害では全くの誤解です。

応急仮設住宅は必ずしも快適ではないかもしれません。広い敷地の一軒家に住んでいる人が多い地方で発災したケースは、仮住まいに戸惑うことも多いです。彼らの表情は時折、曇ります。それでも避難所から応急仮設住宅に移った時には明るい顔や安堵した顔が多く見られます。プライバシーや安心、安全が保障され、人権や個人の尊厳の守られる生活がいかに重要であるかを痛感します。

能登半島地震の応急仮設住宅は、平屋建てが基本でプレハブと木造のタイプに分かれます。広さは一～二人用（二十平方メートル）、二～四人用（三十平方メートル）、四人以上（四十平方メートル）のタイプがあり、家賃と駐車場は無料です。光熱水費、引っ越し費用、共益費、自治会費は自己負担です。一部、家電製品に対する支援措置も取られました。

能登半島は二〇二四年九月二十一日に記録的な大雨に見舞われ、輪島市、珠洲市、能登町で合わせて十四人が亡くなりました。応急仮設住宅も多数の浸水被害に遭いました。正月の地震を生き延びながら大雨で命を奪われた人たちの無念、二重の被災に見舞われた人たちの心境を思うと私は言葉が見つかりません。

▼町の復興と生活再建

応急仮設住宅に入居した人たちが地域の復興を見届ける期間は長くなります。当初の入居期間は最長二年でした。インフラの復旧、土地区画整理、再開発、被災した人たちの地元への帰還、商店の営業再開や企業の事業再開などが進んでいきます。町の復興に合わせて人びとの生活再建も構想から計画へとイメージが醸成されていきます。しかし、家屋の公費解体が進まず、大量のがれきが残っていたり空き地ばかりが目立ったりする地区では、人びとが再建をイメージすることは難しいでしょう。

復興に要する期間は、町の被害の大きさに比例します。数年かかることもありますし、ときには十年近くかかります。建設業の人手不足を始めとする経済環境の変化も受けた復興状況により、仮設住宅の入居期限だけでなく、被災家屋の公費解体制度や、国の被災者生活再建支援金、応急修理制度などの申請期限はしばしば延長されてきました。

生活再建の目的は、平穏な生活、元の幸せな暮らしを取り戻すことです。ある人にとっては被災した地元に留まり家業を盛り立てることかもしれません。また別のある人にとっては地元から遠く離れた場所で再就職することかもしれません。再建の方法は人によって千差万別です。再建の方法を選ぶ権利はそれぞれの人にあるのです。地元を離れる決断を下した人についても、その決断に対して心からエールを送ります。

相談会で「地元を離れる決断をした人間は悪いのか」と聞かれたことがありました。そんなことは絶対にありません。地元に残ろうと残るまいと、進路の決断を下すには大きな葛藤や苦悩があります。そして大きな勇気が必要です。どうか無理なくゆっくりと新しい生活になじんでほしいと思いますし、一人一人異なる再建の決断を周囲みんなで応援してほしいと希望します。

▼修理か解体か

被災した人のうち、持ち家のある人は避難生活を続けながら自宅を補修・修理するか、解体するかを考えることになります。局所的な災害の場合には、補修・修理を選択する人が多くなります。

内閣府によると、二〇一六年の熊本地震と二〇二〇年の七月豪雨で被災した人たちの住宅の補修費の平均額は、半壊（損害割合二〇～二九％）で百六十二万八千円、中規模半壊（同三〇～三九％）で四百六十六万六千円、大規模半壊（同四〇～四九％）で九百二十六万四千円です。

ただ、この補修費の平均額は、私が被害相談を通じて知り得た実感とはずいぶん異なります。水害や地震など災害の種類に関係なく、単なる半壊でも七百万～八百万円の補修・修理見積書を手にする人が目立ちました。築浅だったり延床面積が広かったりする住宅は、一千万円を超える金額の見積書になっていました。内閣府のデータと私の知り得た見積書の金額が異なる理由については、被災した人の経済的事情により修理の対象個所を絞ったり、部分的修理にとどめたりして実際のコストを抑えたことが考えられます。近年の建築費の高騰の影響もあるかもしれません。

災害救助法に基づく住宅の応急修理制度は、準半壊以上の罹災証明書をもらった世帯を対象にした制度です。屋根や台所、トイレなど「日常生活に必要不可欠な最小限度の部分の応急的な修理」に対して、市町村が業者に依頼し、修理費用を市町村が直接業者に支払います。この応急修理の限度額（二〇二四年基準）は、半壊以上で七十一万七千円、準半壊で三十四万八千円です。しかし、この金額では一部屋を修理することもできません。この制度を使っても自然冷媒ヒートポンプ給湯機（エコキュート）の交換ぐらいしかできなかったと話す人もいました。

補修・修理の費用と時間と労力を考えて、いっそのこと公費解体制度を利用して自宅を解体しようとする人が出てきます。公費解体制度は、災害で損壊した家屋などについて、持ち主の申請に基づき市町村が代わりに解体・撤去する制度です。基本的に持ち主の自己負担はないのが特徴です。全壊家屋などが対象ですが、特定非常災害の場合などは半壊以上の家屋などに対象が拡大されています。家屋の築年数が長くなればなるほど、修理をしても長期間の居住に支障が出てくると予想されることから、自宅解体を選ぶ人が多くなるわけです。

▼人手不足の影響

建設業界の人手不足は、被災地の復旧復興に暗い影を落としています。特に生活再建を期す人たちにとって、自宅の修理が全く進まなかったり自宅の解体を長期間待たされたりする事態は過度のストレスになります。

二〇一九年の台風15号（房総半島台風）では、千葉県を中心に約七万七千棟の住宅に屋根損壊などの被害が出ました。台風通過直後から、ブルーシートの展張による応急防水施工が、一般ボランティアや自衛隊を中心に行われました。千葉県内の業者に家屋修理の依頼が集中したため、着工の遅れが相次ぎました。千葉県は、建設工事マッチングプラットフォームを運営する業者にブルーシート展張対応窓口の設置を委託した結果、屋根修理の職人が神奈川県や北海道、大阪府から千葉県内に駆け付けました。それでも「修理までに三年待ち、五年待ちだと言われた」と私に説明する人たちがいました。

大災害が起きれば、建設業界の人手不足を背景にした建設業者や職人の奪い合いが起きます。復旧復興はスケジュール通りに進まなくなります。

住宅修理をめぐって悪質な商法も横行します。台風や大雨の後に、悪徳業者が被災地に入り込み、戸別訪問しながら言葉巧みに被災した人から金銭をだまし取ります。国民生活センターによると、「保険金を使って自己負担なく住宅修理ができる。申請をサポートする」と勧誘し、高額な手数料のほか、修理をキャンセルした場合の違約金を請求します。

悪徳業者の詐欺に引っかからないためには、勧誘されてもすぐに契約しないことが大切です。少しでも違和感があれば絶対に署名したり、ハンコを押したり、お金を払ったりしないでください。周囲に相談できる人がいれば相談してください。可能な限り複数の業者の見積もりを取り、比較することが大切です。お金を一度支払ってしまうと、業者が行方をくらましたり、実体のない幽霊会社だったりしてお金を取り戻すことが難しくなります。少しでも不安を覚えたら、弁護士、警察、消費生活センター、市区町村の消費生活相談窓口、消費者ホットライン（188＝局番なし）も十分に活用してほしいと思います。

▼焦らずあきらめず人を頼る

避難生活期に心がけたいのは、焦らないこと、あきらめないこと、人を頼ることの三つです。

住宅の再建にかかる費用が多いか少ないかは、市場の需要と供給で決まります。発災後しばらくは、解体費用、廃棄物の撤去費用、修理費用、建築費用、土地価格、地代、賃料のすべてが値上がりします。被災した人たちが自宅の解体・撤去、買い替え、修理、引っ越しを希望するからです。

しかし、時間がたつにつれて、こうした需要数は減っていきます。近年は全ての価格が上昇傾向にあるので一概には言えませんが、価格は落ち着きを見せるのが通常の流れです。焦らないために、「人間万事塞翁が馬」と考えてみるのも一つの方法です。誰よりも早く住宅の再建にこぎつけられた避難生活者は、新しい住宅へ早く移れる一方、費用が少し高額だったかもしれません。これに対してじっくりと再建を進めた避難生活者は、転居までに時間は要した半面、費用は低く抑えられるかもしれません。人生は続きます。少し長い目で物事を考えるとよいかもしれません。焦る心は和らぎます。

生活再建の支援に長年関わってきたボランティアに「被災した人に一番伝えたいことは何ですか」と尋ねると、「あきらめないでほしい」という答えが返ってきます。あきらめないということは、自分を守り生き抜くという意思を持ち続けるということです。あきらめなければ、支援の手は必ず差しのべられます。苦しい状況のあなたを見つけてくれる人は現れます。だからどうかあきらめないでほしいと思います。

▼避難生活にピリオド

第3期の再建期は、最終的な住まいの選択を具体的に検討し始める時点から始まります。そのため第2期の避難生活期とも重なる部分があります。たとえば、応急仮設住宅から被災した元の場所に建て替えた家に移る。自宅避難にピリオドを打ち、大規模改修を終えた母屋で暮らし始める。または被災した場所から離れた新天地に移住する。人それぞれによって事情は異なるものの、環境が大きく変わる人と変わらない人に分かれると言っていいでしょう。特に新天地における生活再建の初動は、賃貸アパートや災害公営住宅の入居の場合もあれば、住宅購入や新築に伴う引っ越しの場合もあります。いずれも生活環境は大きく変わり、避難生活で築いた人間関係は薄れていきます。避難生活期とは別のストレスがかかることもあります。

被災した人びとの心が、避難生活から生活再建へひとっ飛びで移れるわけではありません。再建を期して自宅の解体に踏み切った人の多くが、重機が自宅を破壊していく光景を見て涙を浮かべます。「解体してよかったのだろうか」「何としても修理すべきではなかっただろうか」と自問自答を繰り返します。やがて後悔の念に駆られる人も出てきます。大災害で半壊の判定を受けて公費解体制度の対象になったものの、修理をすれば暮らせる可能性がある場合などです。制度の申請期限が被災住民を焦らせ、追い詰める背景があります。

能登半島地震の避難所で少し高齢の女性からぼそっと言われたことがありました。「最初はみんな公費解体だって騒いでいた。地震から半年がたち少し落ち着いてくると、解体後の大変さを想像するようになった。この歳になってもう一度家を建てる？　どこかに引っ越す？どの選択をするにも相当な負担だと思い始めている。一部屋だけでも何とか大工さんに最低限住めるようにしてもらって、そこで生活するぐらいでいいんじゃないか。そんなふうに考える人も増えてきた」。被災地の実情をよく表した言葉だと思います。

生活再建に正解はありません。人の顔つきや体つきが違うように、自分に一番しっくりとくる再建も違います。ほかの被災した人たちを見て、むやみにうらやんだり後悔したりする必要はありません。焦らず、じっくりと検討しましょう。自分に一番しっくりとくる再建は必ず見つかります。

第五章　住宅の被害調査と罹災証明

被災した人びとの生活や住宅の再建を支える法制度は数多くあります。応急修理制度や応急仮設住宅に関わる災害救助法、支援金に関わる被災者生活再建支援法、公費解体制度などが代表例です。

法制度に基づく公的支援をどれだけ受けられるかは、被災した人の申請により交付される罹災証明書の判定に密接に関わっています。この罹災証明書は災害対策基本法90条の2で交付が義務付けられています。市町村長は遅滞なく、地震や風水害等の災害により被災した住家等の被害の状況を調査（住家被害認定調査）し、当該災害による被害の程度（全壊、大規模半壊、半壊等）を証明する書面（罹災証明書）を交付しなければなりません。

▼居住先自治体への法適用

被災した人が再建を進める場合に、どの制度をどれだけ利用できるかは、罹災証明書の判定結果だけでなく、居住先の自治体が法制度の適用対象になるかどうかに影響されます。同じ災害で同じ被害を受けても、災害救助法などの法制度が適用される市町村に住んでいた人と、適用されない市町村に住んでいた人とで支援の内容が大きく異なるのです。同じ災害の同じ被害には同じ支援（公助）が届けられるのが当然で、法制度の見直しが必要だと考えます。

たとえば、罹災証明書の判定が「準半壊」以上の被害を受けた世帯は、応急修理制度を利用できる可能性があります。ただし前提条件として、災害救助法が居住先の市区町村に適用される必要があるのです。応急仮設住宅の利用についても同じで、災害救助法が適用されていることが前提になります。災害救助法が居住先の市区町村に適用されると、自宅が全壊または流失して住む家がなく、自分の資力では住宅を得られない人は応急仮設住宅を利用できます。ただし、最近の災害では、半壊以上の罹災証明書がある世帯は利用できることが多いです。食料や水、被服の被災地への支給も、災害救助法の適用が条件です。

次に、被災者生活再建支援法が居住先の市区町村に適用されると、罹災証明書の判定次第では最大三百万円の支援金が支給されます。受給条件として資力は問われません。まとまった金額のため被災した人の生活再建に大きく影響します。「災害救助法」と「被災者生活再建支援法」については次の第六章でも詳しく触れます。

罹災証明書は、災害による住宅被害の程度を証明する書面です。被災した人が罹災証明書を申請することから生活再建は始まります。公助も、民間の被災支援事業も、この罹災証明書と深く関係していることから、罹災証明書は生活を再建する上でパスポートのような役割を果たしています。

災害研修や被災説明会のたびに、災害で自宅が百点満点で何点壊れたかを示す判定結果が罹災証明書だと私は説明しています。基本的に、五十点以上壊れたと判定されれば「全壊」の罹災証明書が交付されます。

住宅被害の点数が四十九点から四十点までは「大規模半壊」、三十九点から三十点ま

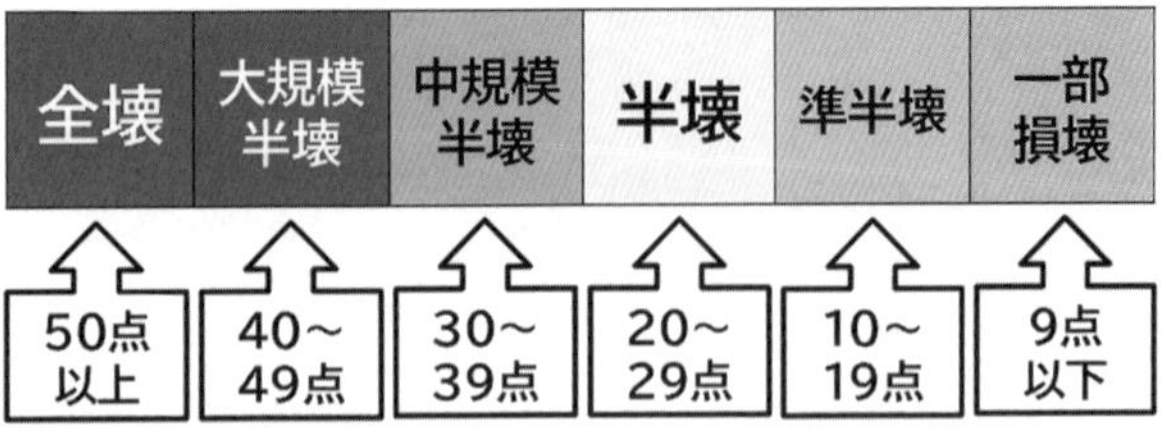

図５．住家の被害と認定基準の関係（筆者作成）

では「中規模半壊」、二十九点から二十点までは「半壊」、十九点から十点までは「準半壊」、九点以下は「一部損壊（準半壊に至らない）」と判定されます（図5参照）。

罹災証明書は、余震による建物の倒壊や落下物など建物の危険性を調べる「応急危険度判定」とは関係がありません。このため、家屋に張られた「危険」の赤紙、「要注意」と記された黄色い紙、「調査済」とある緑色の紙は、公助の受給条件ではないのです。赤紙が張られていても全壊とは限らず、逆に緑色の紙が張られても全壊と判定されることもあります。

罹災証明書は、原則として災害当時に住んでいた住宅が発行の対象です。空き家や事業用建物は対象外です。ただし、公費解体の対象が半壊以上の建物などに拡大された場合は、これに合わせて空き家や事業用建物にも罹災証明書が発行されることがあります。

住まいが二つ以上ある場合は、生活の本拠となっていた住宅一つだけが罹災証明書の発行対象になります。たとえば、ウイークデーに生活している住宅と週末に利用している別荘があれば、ウイークデーに使う住宅が罹災証明書の対象です。同じ敷地内にある母屋と離れの場合は、名称ではなく、生活実態からどちらに生活の本拠があるかを判断されます。

罹災証明書の対象となる家屋かどうかについて、自治体は住民票記載の住所で判断します。これが基本です。とはいえ、住民票は一つの参考情報にすぎません。住民票とは別の場所に、生活の本拠がある場合にはそちらが罹災証明書の対象になります。その際に決め手となるのが、生活の本拠を示す公共料金の領収書、自治会長や民生委員の証明などです。生活の本拠に関する相談は多いです。細かい証拠集めが必要になることが多く、被災した本人にも自治体職員にも大きな負担が生じています。

▼住家被害認定調査

罹災証明書を申請すると、市町村の職員や市町村から委託を受けた建築士、土地家屋調査士らが住宅の被害調査に来ます。「住家被害認定調査」と言います。この調査は、内閣府の「災害に係る住家の被害認定基準運用指針」を参考に実施されます。住家被害認定調査は、地震でも水害でも、住宅を外からだけ見て調査する一次調査と、住宅内部も調査する二次調査に分かれます。まずは住民の立会いも不要な一次調査より簡易・迅速に調査を進め、被害の実態に合わないとされる判定の場合には二次調査で修正しようとする制度設計だと言えます。調査は、被害のあった住宅を関係者が一軒一軒回るのが基本です。津波や洪水で大規模な浸水被害が生じた場合は、浸水エリアを一括してすべて全壊などと判定することもできます。

水害の住家被害認定調査のうち一次調査は、二〇二四年六月以降、簡易判定ができる対象が拡大されたことから大きく変わりました。主に一～二階の戸建て木造・プレハブ住宅が対象です。これまでは津波や越流、堤防決壊などに伴う水流や泥流、がれきの衝突などの「外力」が作用して一定以上の損傷が発生している場合に限られていた簡易判定が可能な一次調査が、内水氾濫などの場合にもできるようになったのです。これにより長年の課題であった自治体の調査負担や罹災証明書発行に要する時間の問題は、少なくとも水害に関しては大幅に改善されたと言えます。

水害の一次調査では、浸水の深さ（浸水深）や土砂の堆積の深さを計測するだけです。その具体的基準は、前述の「外力」の有無によって異なります。私が監修した『水害にあったときに――浸水被害からの生活再建の手引き（冊子版）』【WEB公開版（二〇二四年九月）】（震災がつなぐ全国ネットワーク編）に掲載されている次の図（図6）を参考にしてください。

▼二次調査・再調査

外力が作用する水害でも、内水氾濫でも、浸水深の測定による一次調査の判定に納得がいかなければ、市町村に対して、別の基準によって判定する二次調査を実施するよう求めることができます。また、一次調査についても二次調査についても、再調査を求めることもできます。

ただし、特に特定非常災害に指定された大災害では、一次調査や二次調査で既に「半壊」以上の判定が出ていて、その住宅の解体予定の場合は二次調査や再調査の申請は慎

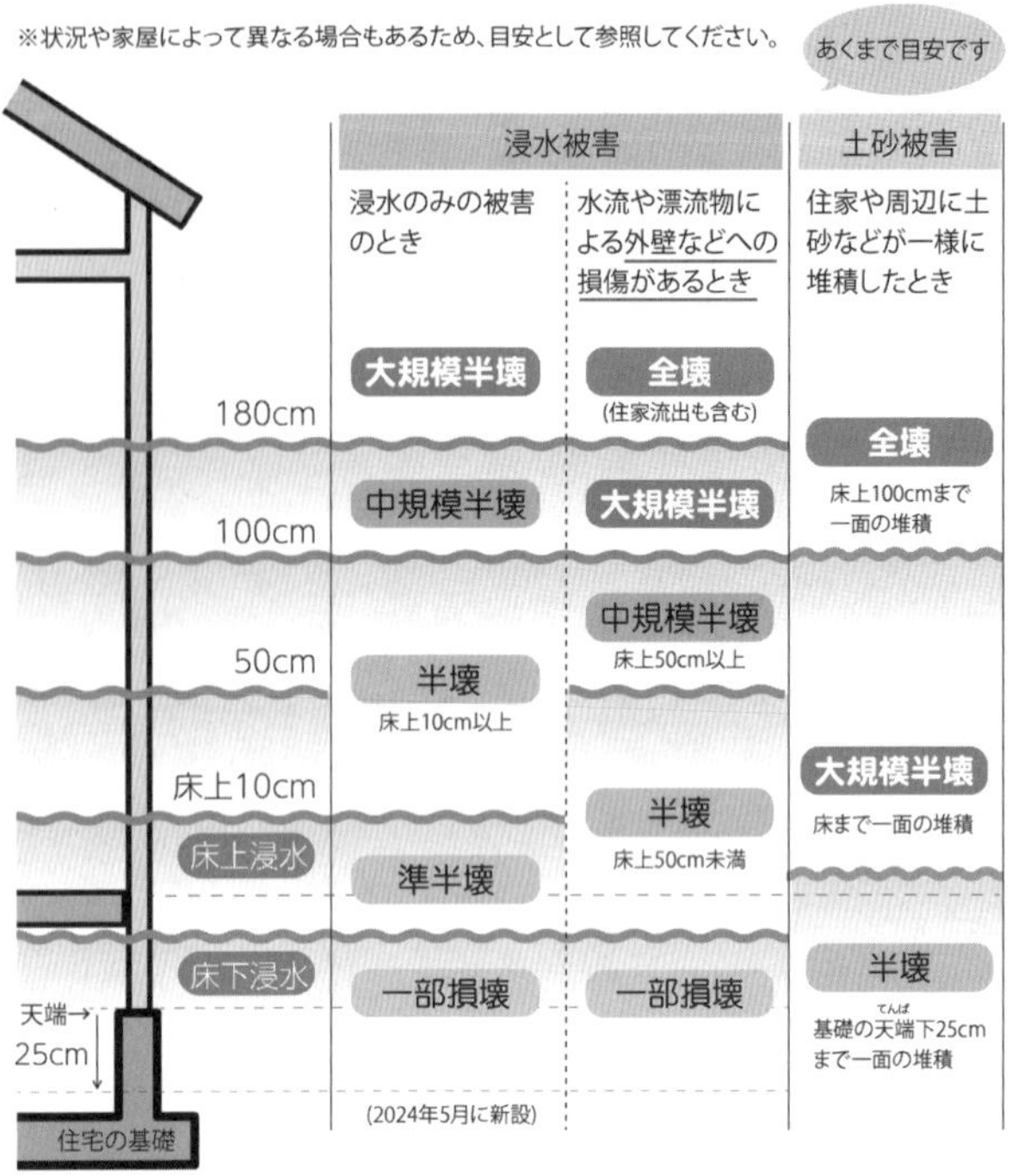

図６．水害の被害の目安（震災がつなぐ全国ネットワーク編『水害にあったときに』より）

重に考えましょう。

これは水害以外の災害でも同じです。特定非常災害では、公費解体の対象が全壊だけでなく半壊以上に拡大される運用が行われています。また、半壊以上の住宅をやむを得ず解体すると、被災者生活再建支援金は「解体世帯」として全壊の場合と同額が支給されます。義援金なども、解体世帯は全壊と同額の配分がされることもあります。そのため、判定を半壊以上に頑張って上げる必要がそれほどないのです。一方で、二次調査や再調査で点数が下がった場合には、当初の判定を下げる自治体もあります。

能登半島地震では、二次調査や再調査により判定が下がる可能性のあることを市町村の窓口でしきりに伝えられ、被災した人が申請を断念するケースも目立ちました。複数回の調査のうち、高い方の判定を維持する市町村もあります。熊本地震などで見られた事例です。

市町村に二次調査や再調査の相談があれば、あえて申請をすぐには受け付けず予備の現地調査をしてから、二次調査や再調査の申請の是非について市町村側と住民が話し合うケースもあります。点数が下がると予想される被害状況なら、申請を見合わせるのに越したことはありません。被災者ファーストの立場を取る自治体の工夫だと私はみます。

判定が下がることを市町村が強調しすぎると、萎縮的効果によって被害状況に即した判定を望む人びとの権利を奪います。家屋の被害認定調査は、建築の専門家でない一般の自治体職員が主に実施します。調査の手引きも複雑で、被害の実態に見合った判定は容易ではありませんが、被災した人びとに複数回の調査を求める権利が保障されなければならないのは当然です。

被災した人の大半は罹災証明書の制度に詳しくありません。二次調査や再調査の申請ができること自体知らないのが通常です。そのため、二次調査や再調査の申請期間はできるだけ長く設定される必要があります。

一次調査は基本的に外観目視で実施され、水害の場合は主に浸水の深さで判定されます。これに対して、二次調査では住宅内部の被害を含めて調査されます。簡単に言えば、住宅が災害で百点満点中何点損傷したかを見ていきます。建物の部位ごとに構成比に基づいた点数が決められています。木造・プレハブの建物を例にとると、屋根十五点、柱十五点、床十点、外壁十点、内壁十点、天井五点、建具十五点、基礎十点、設備十点となっています。合わせるとちょうど百点です。部位別の損害点数の合計値と被害認定の関係は、二次調査と一次調査は同じで、図5の通りです。

罹災証明の調査は、目視で容易に確認できる家屋の損傷だけに注目するのは間違いです。浸水被害に遭った家屋の室内を掃除すると、二次調査で立ち入りをしてもはた目には被害が少ないように見え、被害実態に合わない判定が出る一因になっています。震災でも床や建物全体の傾きの被害が点数に反映されないことが多く見られます。損傷した部材は再利用できるのか、全交換が必要なのか、水害であれば浸水箇所の部材交換だけで対処できるのかなど、実際に必要となる「修理」の視点で考えることが大切です。被害の実態に見合った点数を付けるためには、研修をはじめ自治体側の事前の備えや、自治体と被災した本人や支援専門家、建築業者などとの連携が鍵を握ります。この点は第八章で詳しく説明します。

▼地震の一次調査

罹災証明書の住家被害認定調査は、地震と水害で異なります。特に一次調査に顕著です。

一次調査として浸水深の計測による簡易判定が利用できるのは、地震の場合、地震による津波や堤防決壊で浸水被害が発生した場合だけです。

そのほかの地震の一次調査では、地震の揺れが原因で生じた建物の損傷や被害を外観だけで判定します。住民が立ち会う必要はありません。地震の一次調査の調査対象は屋根、壁（外壁）、基礎の三項目だけです。百点満点で、屋根に十五点、壁（外壁）に七十五点、基礎に十点と配点されています。壁（外壁）の割合が全体の七五％と突出しているのが特徴です。

能登半島地震で損傷した建物は、平たく長い板状の外装材を横張りする「下見張り」の外壁や、トタンで覆われた外壁の家が多く、被害の実態が外から目視しにくい面がありました。地震後にブルーシートで緊急修理した家屋も、外壁の状況を確認するのが難しくなります。この結果、外壁に深刻な被害はないと見なされ、罹災証明書における一部損壊や準半壊の低い判定が相次ぐことにつながりました。

市町村によっては、被害状況の確認が難しい住宅については、項目ごとに調査の対象から外しています。たとえば外壁の損傷率は、「外壁全体の面積」に占める「損傷した外壁面積」の割合に、損傷程度を掛け算して出します。目視ができない外壁の面積を、被害がないと判断するのではなく、この対象から外すことで、損傷率は上がります。また、ブルーシートで緊急修理されている場合には、ブルーシートが貼られた外壁の面積をすべて「損傷した外壁面積」と見なすことで、損傷の点数を増やし被害の実態に見合った判定につなげる工夫をする自治体もあります。そもそもブルーシートで覆われている場合、それは被害が深刻であることを示しています。こうした対応は、実情に合った被害認定だと考えられます。

▼申請期間の問題

別の問題もあります。これは市町村の情報提供のあり方に起因します。

二次調査や再調査を申請できる仕組みを知らずに、既に交付された罹災証明書の判定であきらめてしまう人が多いのです。

被災した自治体は、罹災証明書の発行事務を早く終わらせたいと考えがちです。罹災証明書発行のために必要な住宅の被害調査は税務課が担当することが多いですが、税務課にはその後も被災した建物の評価の見直しなど業務過多の状況が続きます。罹災証明書の判定が確定しないと義援金や支援金の給付事務を終わらせられないという事情もあります。

今後を考えると、現在のように全壊から一部損壊までの六段階もの細かな区分が本当に必要なのかも含め、住家被害認定調査の一層の簡略化の検討が必要です。外部への調査委託の推進、保険・共済の調査結果の活用、自治体内での業務の分散など、基礎自治体、特に税務課に集中している現状の見直しは不可欠です。

業務過多の状況が続くと、中には二次調査や再調査の申請を自分たちの調査に向けられた批判やクレームだと受け止める職員も出ます。二次調査や再調査の申請窓口の雰囲気の悪化につながり、被災市民が申請をあきらめる要因にもなっています。制度見直しは喫緊の課題です。

行政から周知される二次調査や再調査の案内は徹底されていないため、知らないままに申請期限を迎えてしまうケースも後を絶ちません。

能登半島地震をめぐっては金沢弁護士会が、発災後八カ月を前に「罹災証明書は各種被災者支援制度を利用するにあたって基礎となる重要な証明書です。かかる証明書の交付を受けられない被災者は、各種被災者支援制度による支援を受けられず、極めて酷な状況に置かれます。とくに、各地方公共団体が独自に定めた申請等期限を超えたことのみで罹災証明書の交付が受けられなくなることは不適切であり、何よりも各地方公共団体が負う法令上の義務に違反するおそれがあるものと考えます」とする会長談話を発表しました。

談話は二次調査と再調査について触れ「被災者が前の調査結果を建築士などの専門家に相談するなどして検討し、さらなる調査を求めるべきかどうかを考えるためには十分な時間が必要です。被災者がしっかりと検討できるようにするためにも、二次調査・再調査に申請等期限を設けるのは適切ではありません」とくぎを刺しました。

他方で、「全員が二次調査を申請するべきだ」「できるだけ二次調査に進んだ方がいい」といった根拠のない情報が口コミで広がることもあります。それをうのみにした人たちから私の元に相談が寄せられました。「最初の判定は大規模半壊だった。二次調査をしたら準半壊になった。どうしたらいいのか」「半壊の判定が一部損壊に変わってしまった。あきらめられない」という内容でした。

地震の一次調査の点数の割合は外壁が特に大きいことから、外壁に被害が分かりやすく現れている家屋ほど二次調査によって判定が下がる恐れが出てきます。なぜならば、一次調査では最大七十五点もの点数配分が与えられていた外壁の点数は、二次調査では最大でも十点しか与えられていないからです。家屋損傷における外壁の構成比が下がることで、判定が下がる家屋が続出するわけです。

前述のように、特定非常災害に指定された大災害の罹災証明書で半壊以上の判定が出た人が、自宅の解体を決めている場合、二次調査を無理に申請する必要はありません。国の被災者生活再建支援制度では、半壊以上の自宅をやむを得ず解体すると全壊と同じ額の支援金が支給されます。二次調査や再調査を申請する前に、できる限り建築士や弁護士などの無料相談を活用してほしいと思います。

▼生活に必要な小切手

能登半島地震で被災し、自宅の解体と建て替えを検討している奥能登地域に住む男性を例に考えてみましょう。

木造二階建ての自宅は、一次調査で百点満点のうち損傷具合が二十点から二十九点と判定され、半壊の罹災証明書を彼は手にしました。彼が受けられる支援は次の通りです。

まずは公費解体制度による解体支援です。これは数百万円相当の支援を受けられる仕組みです。次に国の被災者生活再建支援金があります。半壊プラス解体により、全壊と同じ支援金が支給されます。二人以上の世帯では三百万円（基礎支援金百万円と建て替え時の加算支援金二百万円）となります。さらに能登半島地震の特例給付金があります。半壊以上の世帯が対象で、高齢者か障害者のいずれかがいるなどの条件を満たせば最大三百万円が給付されます。また、石川県の義援金では半壊プラス解体は全壊と同じに見なされ、三次配分までの間に百八十万円が配分されます。これらを合計すると一千万円近くになります。「罹災証明書は生活に必要な小切手」と言われるのはこのためです。

一次調査で自宅の損傷具合が十点から十九点までにとどまり、準半壊の罹災証明書にとどまった場合はどうでしょうか。半壊の男性とは対照的に、先述した支援を一切受けられません。義援金も準半壊世帯に対する三次配分までの金額は三十五万円にとどまります。

罹災証明書における住家の被害認定では、わずか一点の違いでも半壊と準半壊に線引きされます。その結果、人びとが支援制度を通じて手にできる金額の格差は一千万円にもなるのです。

▼地震後の浸水被害や液状化

地震の二次調査は、水害の二次調査と同様です。建物の部位別点数（構成比）は、木造・プレハブ住宅なら屋根十五点、柱十五点、床十点、外壁十点などで統一されています。床など建物の傾き被害について、被害の実態に見合った点数をつけることの重要性は前述しました。それに加えて重要なのは、地震後の浸水被害を正しく認定することです。

地震では揺れによって屋根が損傷します。屋根が損傷すると雨が降るたびに雨水が住宅に侵入します。できるだけ早く屋根の応急修理をしたいと人びとは考えます。建築業者の争奪や人手不足により対応が遅れると、住宅の機能は次第に損なわれ、二次被害になります。内閣府は、風害を想定した住宅被害で「損傷した箇所から雨が降り込むこと等による住家の機能損失等」の認定基準を示していますが、地震の際も同様に調査の対象とする必要があります。

私が相談を受けた竜巻被害のケースでは、竜巻による屋根損傷後の雨水侵入の二次被害が十分に評価されていない事案がありました。再調査の結果、当初は十二点の準半壊とされた判定が、自治体職員、建築業者、専門家、ＮＰＯの連携により、損傷の程度が二十五点と倍増し、半壊になりました。竜巻で壊れた屋根から侵入した雨水の被害が深刻だったことが認められた事例でした。再調査は全員で立ち会いました。

見落とされがちな点がもう一つあります。液状化被害です。地震で建物が不ぞろいに沈んだり滑り出したりする「不同沈下」や家屋の地盤への潜り込み被害が挙げられます。傾斜や潜り込みが一定以上あれば、その程度に応じて半壊、大規模半壊、全壊と判定されます。家屋の傾斜や潜り込みについては、通常とは別の基準で被害認定の対象になることは最低限知っておく必要があります。

第六章　生活再建のための各種支援

被災しても生活は続けなければなりません。災害から立ち直るためには生計を維持する必要があります。生活費の大半を稼いでいた親が亡くなったり、自分に重い後遺障害が残ったりすれば、生活は困窮するでしょう。そうした人たちを支えようと、災害弔慰金と災害障害見舞金の支給、そして災害援護資金の貸し付けを定めているのが「災害弔慰金の支給等に関する法律」（災害弔慰金法）です。

自然災害で亡くなった人の遺族に対しては災害弔慰金を、重度の障害を負った人に対しては災害障害見舞金を、市町村が支給することが定められています。

災害援護資金は、被災した人に市町村が貸し付けます。

これらの支給、貸し付けには一定の条件があります。

災害弔慰金と災害障害見舞金の支給は、一市町村で住居が五世帯以上滅失したり、都道府県内で住居が五世帯以上滅失した市町村が三つ以上あったり、都道府県内で災害救助法が適用された市町村が一つ以上あったりするなどの災害に限られます。災害援護資金の貸し付けの条件は、都道府県内で災害救助法が適用された市町村が一つ以上あることです。とはいえ、被害が一定の範囲に及んだ深刻な大災害は、一般的に条件を満たすと言えます。

▼災害弔慰金

災害弔慰金は、災害で家族が亡くなったときに遺族に支給されます。主として家族の生活を支えていた「生計維持者」が亡くなると五百万円、それ以外の家族が亡くなると二百五十万円がそれぞれ遺族に支給されます。この費用負担は国が二分の一、都道府県が四分の一、市町村が四分の一となっています。

受給できる遺族は次の順番になります。①配偶者（事実婚も）②子③父母④孫⑤祖父母――。これに該当する人がいなければ、亡くなった人と同居または生計を一緒にしていた兄弟姉妹が受給対象となります。兄弟姉妹が受給に含まれることになったのは、東日本大震災の遺族らの声を受けて二〇一一年七月に災害弔慰金法が一部改正され、遺族や被災者の救済範囲が広がったからです。これにより兄弟姉妹への支給がさかのぼって行われるようになりました。

被災直後に亡くなった人の遺族に対する災害弔慰金の支給が漏れることはないと一般的には言えます。ただ、発災後時間が経過してから死亡するケースには注意が必要です。災害関連死です。

避難生活は自宅避難を含めて、生活環境が過酷です。薬が手に入らず持病が悪化したり、精神的なストレスや運動不足で心臓・血管など循環器系の病気を発症したりします。車中泊には「エコノミークラス症候群」の危険があります。避難生活が長引いて亡くなり、災害関連死と認められれば災害弔慰金の支給対象となります。故人に対して「生前もっとしてあげられることがあったのではないか」「自分の目が届かなかったせいで亡くなったに違いない」などと、自責の念に駆られる遺族の姿を私は見てきました。その人たちにとって、災害関連死の認定と災害弔慰金の支給は「家族の死は災害による死であった」ことを公的に証明するもので、心の負担を軽減させる効果があります。避難生活中に持病で亡くなっても災害関連死と認められる可能性はあります。

発災から死亡に至るまでの時間を考慮し、災害関連死について形式的に判断をしたケースが残念ながらこれまでにあります。たとえば亡くなるまでに災害から六カ月以上経過していれば、災害関連死としないなどです。ただ、法律にこうした規定はなく、確立した判例もありません。死亡までの期間は、災害と死亡との間に「相当因果関係」があるかどうかを判断する際の一つの要素にすぎないのです。

関連死かどうかを審査するのは、原則として市町村ごとに条例で設置された災害弔慰金等支給審査会です。委員は医師や弁護士など有識者で構成されます。

二〇〇四年の新潟県中越地震では、疲労が原因と思われる交通事故により死亡した三十代の男性や、復旧作業中に菌吸引による肺炎で死亡した四十代の男性が災害関連死と認められています。自死のケースでも認められる可能性があります。もともとの病気が原因だからはじかれるだろうだとか、災害発生からかなり時間が経過して死亡したから無理だろうなどと勝手に思い込まないことが大切です。災害関連死の場合は、遺族が災害弔慰金の申請をしない限りは審査自体開始されないと考えるべきです。

▼不支給取消訴訟

市町村による災害弔慰金の不支給決定に対しては、取り消しを求める訴訟を起こすことができます。

東日本大震災と災害関連死をめぐる二〇一五年三月十三日の盛岡地裁判決は、不支給決定を取り消し、被災した人がストレスで一部の薬を服用しなかった事実を不利に扱わなかったことで知られています。争点は、持病の高血圧症が悪化し、震災から約九カ月後に心筋梗塞との合併症で死亡した男性（当時五十六歳）について、不支給を決定した岩手県災害弔慰金等支給審査会の判断の是非です。盛岡地裁は、男性が失業したため経済的に不安を感じ、長期にわたり強いストレスにさらされていたことなどについて丁寧に事実認定をしました。その上で「震災によるストレスは本件疾病の発症を誘発させたと合理的に推認される」と震災と死亡との相当因果関係を認め、不支給決定を取り消しました。判決で特に注目されるのは、男性が一部の薬を服用していなかったことについて「一部の薬を服用していないことがあったのも、本件震災によるストレスの影響が否定できない」と遺族側の思いに寄り添った判断をしたことです。

また、自治体の災害弔慰金不支給決定が争われた件では、阪神・淡路大震災発生時、既に昏睡状態にあり集中治療室で治療を受けていた上、病院からも打つ手がなく、いつ死亡してもおかしくない説明を受けていた男性（当時七十五歳）の事例も有名です。震災による揺れで、男性に装着されていた人工呼吸器などが外れた上、人工呼吸器や心電図等のモニター類が停止しました。病院は急遽酸素をつなぎ、その後は胸骨圧迫（心臓マッサージ）の措置を取りましたが、震災発生から約一時間後に死亡しました。この事案で災害と死亡との相当因果関係が争われました。第一審の神戸地裁は、震災当時、いつ本人が死亡してもおかしくない状況にあり、震災がなくても数時間ないし数日のうちに死亡していたことは確実だとして震災との相当因果関係を否定しました。

しかし、控訴審（大阪高裁一九九八年四月二十八日判決）では、「震災と死亡との間に相当因果関係があるというためには（中略）震災がなければ死亡という結果が生じていなかったと認められることが必要であるが、これが認められる以上は、死期が迫っていたか否かは右相当因果関係の存否の認定を左右するものではない」「病気のため死期が迫っていて、震災がなくても、数時間あるいは数日後にその病気が原因となって死亡する可能性がある場合であっても、延命のための治療継続中で、震災が原因となってその治療が不可能になったため、死亡という結果が生じたこと及び震災がなければ、その治療の継続により、なお延命の可能性があり、少なくともその時期には未だ死亡という結果が生じていなかったと認められる以上は、右相当因果関係の存在を肯定するのが相当である」と判断。震災と死亡との間の相当因果関係を認めました。上告を受けて最高裁も控訴審の判断を維持しました。これにより自治体が行った災害弔慰金不支給決定が取り消されました。震災関連死での災害弔慰金の申請を検討する上で大切な裁判例です。

▼災害援護資金

災害援護資金の貸し付けは、都道府県内で災害救助法が適用された市町村が一つ以上ある災害により、負傷または住居、家財に被害を受けた人を対象に市町村が貸し付けます。限度額が十万円（特別な場合は二十万円）である社会福祉協議会の緊急小口資金と比べると、貸付枠が大きい点が特徴です。災害援護資金は当初の三年間は返済が猶予され（据置期間）、その間については金利がかかりません。据置期間を含めて十年で返済することになっています。大災害では返済期間が延長されることもあります。据置期間経過以降の金利は保証人の有無や自治体の条例などにより異なります。

災害援護資金貸付の貸付限度額は、負傷の有無や罹災証明書の判定などにより、百五十万円から三百五十万円までとなります。家財に三分の一以上の損害が出ると、百五十万円まで借りられます。床上浸水した世帯の被害はこれに該当するケースが多くなります。

貸し付けには所得制限があります。市町村民税における前年の総所得金額が、世帯人員一人では二百二十万円、二人では四百三十万円、四人では七百三十万円で、五人以上の場合は一人増えるごとに七百三十万円に三十万円を加えた額になっています。ただ、世帯の住居が滅失した場合の所得制限は千二百七十万円です。

▼災害救助法の現物給付

災害救助法の原則の一つに、現物給付があります。被災した人に、現金ではなく物で給付するという原則です。

以前は「災害が発生すると、生活に必要な物資は欠乏し、あるいはその調達が困難になるため、金銭は物資の購入にはほとんどその用をなさない場合が多く（中略）したがって、法による救助は現物をもって行うことを原則としている」と国は説明していました。

さすがに現在は、災害が起きると金銭が用をなさなくなるとの説明には無理がありまず。内閣府は「法による救助は見舞制度ではなく、災害により現に救助を必要とする被災者に対して確実に行われる必要がある。たとえば、金銭を給付した場合には、その金銭が救助と異なる使途で用いられる可能性も生じてしまうことから、そのようなことがないよう、物資や食事、住まい等について『現物』での給付を原則としている」（災害救助事務取扱要領）などと説明を変更しました。国民に不信を抱く一方で、国民への給付は国による恩恵措置であり国民への施しであるとの考え方が透けて見えます。この現物給付が引き起こすさまざまな問題は後述します。

▼応急修理制度の注意点

災害救助法に基づく公的支援の一つ、応急修理制度の対象は、災害で損傷した住宅の屋根や床、壁、窓、台所・トイレなど日常生活に必要不可欠な最小限度の部分のみです。限度額（二〇二四基準）は、半壊以上で七十一万七千円、準半壊で三十四万八千円です。ただし、修理で支払った費用の補助制度ではありません。限度額は頻繁に見直されるので注意してください。

応急修理制度は、市町村が被災した人からの申請を受けて業者に修理を依頼し、市町村が修理費用を直接業者に支払う制度です。これも災害救助法の現物給付の原則の表れです。市町村職員の事務作業は当然増えます。自宅を建てた建築業者に被災した人が修理を依頼する場合、建築業者は市町村の窓口に出向き、応急修理制度の説明を受けなければなりません。応急修理制度は当事者の誰もが敬遠したいと思う仕組みになっているのです。

もし応急修理制度の利用申請をしないで、建築業者に修理を直接頼み、費用を支払ってしまうと手遅れになります。市町村から費用が戻ってくることはありません。あくまで修理という現物を給付する制度であり、修理費用の補助制度ではないからです。

大きな注意点がもう一つあります。応急修理制度を使うと、前述した公費解体制度が利用できなくなるのです。税金で修理した家屋を、後から税金で解体することは認められないということです。最初は修理して住もうと思っていたけど、やっぱり自宅を解体したいという話は、被災地でよく聞きます。応急修理制度と公費解体制度の両方を使える立場にある人は、どちらを選ぶかは生活再建を考える上でとても重要です。応急修理の対象は「日常生活に必要不可欠な最小限度の部分」に限定されます。金額も限定されます。慎重に比べて判断しなければなりません。

さらに応急修理制度と応急仮設住宅（民間借上げ住宅を含む）や公営住宅の重複利用も、一部の場合を除き原則できません。

住んでいる自治体に災害救助法が適用されると、現物給付の原則に基づき、被災した人たちに避難所、炊き出し、飲料水、生活必需品、学用品が提供・支給されます。

生活必需品は①被服・寝具・身の回り品（洋服・作業着・下着・毛布・布団・タオルなど）②日用品（せっけん・歯磨き・トイレットペーパーなど）③炊事用具・食器（炊飯器・鍋・包丁・ガスコンロ・茶碗・皿など）④光熱材料（マッチなど）――となっています。学用品は①教科書・正規教材②文房具③通学用品④その他の学用品（運動靴・体育着・カスタネット・ハーモニカ・笛・鍵盤付きハーモニカ・工作用具・裁縫用具など）――です。

床上浸水や半壊以上の被災世帯に対して、世帯人数に応じてこれらが支給されます。上限額の範囲内で欲しい品物を選んで市町村に申し込むと、品物が届くという形が一般的です。

▼応急仮設住宅の入居条件

応急仮設住宅も、災害救助法に基づく制度です。

都道府県が応急仮設住宅の提供を決めると、次は誰に入居してもらうかが焦点になります。入居できる人の条件は複雑で、災害ごとに違いがあるため、被災して住まいを奪われても必ず入居できるとは限りません。また、災害時の応急仮設住宅の提供が法律で義務付けられていないことが、提供の発表を遅らせ、被災した人を苦しめます。一定の基準を満たす人には必ず提供しなければならないと法律を改正すべきです。

災害救助法の一般基準では、「住家が全壊、全焼又は流失し、居住する住家がない者であって、自らの資力では住宅を得ることができない」人が応急仮設住宅の入居対象です。これは建設型応急住宅も賃貸型応急住宅（みなし仮設）も共通です。資力要件があるようにも読めますが、厳格な所得制限等はなじまないと内閣府自体が述べています。半壊の人も、居住困難な場合は入居できる場合があります。内閣府との協議が必要になります。

準半壊以下の世帯であっても、水道や電気といったライフラインが復旧していない状況や二次災害の恐れがある場合には入居できることがあります。被災した人はあきらめないことが大切です。

都道府県や市町村の側も、住居を奪われた人が一人でも多く応急仮設住宅に入居できるよう、国と粘り強く調整や交渉を続ける必要があります。

プレハブ、木造などの建設型の仮設住宅も、賃貸型の仮設住宅（みなし仮設）も、家賃は無料です。ただし、光熱費や駐車場料金は自己負担する必要があります。建設型の仮設住宅は、入居期間終了後、災害公営住宅に転用されることもあります。能登半島地震でも一部転用が予定されています。

みなし仮設住宅は、被災地となった市区町村や都道府県以外の物件も選べます。東日本大震災をめぐっては、福島県で被災した人たちが東京電力福島第一原発事故の影響で東北地方から離れるケースが相次ぎました。静岡県熱海市土石流災害でも、熱海市が神奈川県湯河原町と隣接していることから、湯河原町のアパートをみなし仮設として利用した人も多くいました。

みなし仮設は建設型の仮設住宅よりも早期に入居が可能になる反面、被災した人が孤立しがちになり、支援の目が届きにくいといった課題があります。

▼入居手続き

応急仮設住宅は先に説明したように、災害救助法に基づく現物給付の対象であるため、被災した人たちが自分で家屋を借りて、市町村から家賃分の金額を受け取るということができません。あくまでも被災した都道府県が、空き地にプレハブや木造の長屋型住宅を新しく建設し、人びとに提供することになっています。賃貸型のみなし仮設住宅も自治体が借り上げて提供します。自治体（借り主）、貸し主、被災した人（入居者）の三者による契約締結の形が取られるのです。

入居期間は原則二年以内とされますが、特定非常災害などの大災害では一年ごとの延長が可能です。みなし仮設住宅の家賃は、地域や世帯人数によって上限があり、家賃の上限を超える家屋を選ぶことはできません。最近は、トレーラーハウスやムービングハウスが住宅として提供されることもあります。特に空き地が不足する地域では、被災した人の所有地への積極的な配置が望まれます。

首都直下地震や南海トラフ地震が起きれば、応急仮設住宅の建設や借り上げが被災世帯数に追い付かず、十数万戸から百数十万戸の単位で住宅が不足すると指摘する研究があります。特に高齢者や障害者、家族の人数が多い世帯は、被災地を遠く離れても民間の賃貸住宅を借りられない恐れがあります。現物給付の原則を見直し、金銭給付として家賃補助や住宅手当支給を本気で考えるときです。

▼被災者生活再建支援金

国の被災者生活再建支援法に基づく支援金は、住宅の被害程度などに応じて支給する「基礎支援金」、住宅の再建方法に応じて支給する「加算支援金」の二つから成り立っています。このため支援金の支給額は「基礎支援金」と「加算支援金」を合わせた額となります。

居住する自治体への被災者生活再建支援法の適用が必要です。先に述べた災害救助法と同じで、自治体の被害件数によりこの法律の適用不適用の結論が変わるため、発災直後は、この支援金をもらえるかどうかがはっきりしません。被災した人たちが受けられる支援制度が常に小出しに発表される原因となっています。災害の規模、自治体ごとの被害件数にかかわらず、国民が一定の被災をしたら常に支援が受けられるよう、法改正を求めたいと思います。

静岡県をはじめ被災者生活再建支援法の適用がない場合であっても、これと同額の支援金を独自に支給する制度をあらかじめ作っている都道府県もあります。現行の制度を補完するものとして重要です。

罹災証明書で全壊と判定された世帯に百万円、大規模半壊の世帯に五十万円の基礎支援金がそれぞれ支給されます。単身世帯はこれらの四分の三の金額になります。二〇〇七年の被災者生活再建支援法の改正により、収入などの支給要件が廃止されたため、収入の多寡にかかわらず支給され、使途の制限もありません。賃貸物件が被災した場合は、居住者（賃借人）に対して支給されます。

注意が必要なのは、「全壊」「大規模半壊」の世帯以外でも、「解体」と「長期避難」の各世帯は、全壊世帯と同額の百万円が支給される点です。これについては後述します。

▼申請期限と相続

被災者生活再建支援金は申請期限があります。基礎支援金は発災日から十三カ月以内、加算支援金は三十七カ月以内です。大規模な災害ではしばしば延長されます。二〇一六年四月に発生した熊本地震では、基礎支援金は二〇二一年五月まで延長されました。加算支援金は熊本市で二〇二四年五月に受け付けが終了し、益城町のみが二〇二五年五月まで延長されています。

被災した後、被災者生活再建支援金を申請する前に、申請のできる世帯主が死亡したケースの取り扱いが問題になります。ほかに世帯の構成員がいれば、その人が申請することで支援金を手にすることができます。支援金の支給を受ける前に単身世帯の人が亡くなったり、世帯の全員が死亡したりした場合は、支給されません。支援金は相続の対象とならないのです。

そして、支援金に対して税金はかかりません。

▼解体世帯

解体世帯は、住宅や住宅の敷地に被害が生じ、そのままにしておくと危険であったり、修理をするにはあまりにも高額な経費がかかったりするなど、やむを得ない理由で住宅を解体した場合が該当します。住宅被害を理由に解体する場合は、「半壊」以上の罹災証明を受けていることが条件です。敷地被害を理由に解体する場合には、住宅の被害程度は問いません。液状化被害などが一つの典型例です。解体する際、住宅すべてを対象にしなければならず、一部解体では支援金は支給されません。半壊以下の世帯には、基礎支援金も加算支援金も支給されないため、被災した住宅や敷地の被害により「解体世帯」に当てはまるかどうかは大きな問題です。

解体世帯を定めた被災者生活再建支援法2条2号ロには「当該住宅の倒壊による危険を防止するため必要があること、当該住宅に居住するために必要な補修費等が著しく高額となることその他これらに準ずるやむを得ない事由により、当該住宅を解体し、又は解体されるに至った世帯」と書かれています。

しかし、私がこれまで扱った相談事例で、半壊と判定された住宅の解体が「やむを得ない事由」によるものかどうかが厳しく審査されたことはありません。液状化などによる敷地・地盤の被害にしても、半壊以上の判定を受けた住宅にしても、高額な補修費がかかるのは当然です。無用な審査により市町村と被災世帯双方の負担を増やす必要はないと言えます。

では支援法が言う「著しく高額」な補修費とは一体いくらぐらいを想定しているので

しょうか。ある相談者が持っていた修理見積書は約五百万円となっていました。支援金の事務を扱う公益財団法人都道府県センターに私が尋ねたところ「その金額であれば当然該当します」との回答を得ました。一つの参考にはなります。

解体世帯に該当すると思われる人たちは、申請期限について十分理解しておく必要があります。申請に当たり、登記の有無などに応じて、解体証明書や滅失登記簿謄本、敷地被害証明書類を用意しなければならないからです。支援金の申請期限内に住宅の解体を完了させる必要があります。大災害時には公費解体でも自費解体でも、かなりの時間を要します。申請期限内に解体を終えられるかどうかを見極めなければなりません。

▼長期避難世帯

「長期避難世帯」は、それまで住んでいた住宅が住めなくなり、二次災害などの恐れから住めない状態が長期に継続することが見込まれる世帯が対象です。認定するのは都道府県です。長期避難世帯と認定されれば、全壊世帯と同じ額の支援金を手にすることができます。

都道府県による認定は、長期避難世帯が広く所在すると考えられる地域を指定し公示する方法のほか、一軒一軒の家屋を指定する方法があります。支援法2条2号ハは「火砕流等による被害が発生する危険な状況が継続することその他の事由により、その居住する住宅が居住不能のものとなり、かつ、その状態が長期にわたり継続することが見込まれる世帯」と長期避難世帯を定義しています。土砂災害の危険があり、防災対策が終わるまで長期間かかるケースなどが典型例です。

熱海市土石流災害では、最初に発生した土石流の後も、上流部に崩落せずに残った盛り土が大量にあったことから、二次災害の起きる恐れがありました。土砂が流れ下った逢初川《あいぞめがわ》流域について、静岡県は長期避難世帯の認定を広く行うべきだと私たち支援者は訴えました。結果的に、立ち入りが原則禁止された「警戒区域」の全世帯が長期避難世帯と認定されました。

長期避難世帯の認定エリアを広く設けることにより、被災住民の間に生じる支援格差が是正されることもあります。

土石流災害では、自宅の敷地が土砂の流れ下ったルートからわずかに外れていれば、家屋や敷地に損傷はなく、罹災証明書は交付されません。つまり、公的支援の対象にはならないのです。二次災害の危険があるため自宅には住めず、避難を継続せざるを得ない状況において公的支援が受けられないとすると、精神的にも経済的にも追い詰められます。義援金さえ配分されないのですから当然です。こうして被災地の住民の間に支援格差が生まれ、住民同士の軋轢が増幅されることになります。

熱海市の土石流災害では、長期避難世帯の認定が広く行われたことにより、建物被害がない世帯にも一定の支援金が支給され、格差の拡大が抑えられたと言えます。

▼加算支援金

被災者生活再建支援金のもう一つの柱である「加算支援金」について見ていきましょう。

加算支援金は、基礎支援金を支給された世帯と住宅被害が中規模半壊と判定された世帯が対象です。どちらも住まいを再建することが条件で、住宅の再建方法が①住宅の建設や購入②住宅の補修③住宅の賃借（公営住宅は対象外）――のいずれかに該当しなければなりません。

支給額は、基礎支援金を手にした世帯の住宅建設・購入については二百万円、補修については百万円、賃借（公営住宅の入居を除く）は五十万円です。中規模半壊世帯は各半額となります。どちらの世帯も単身世帯は基礎支援金と同様、各区分の四分の三の金額になります。

申請に当たっては工事請負契約書や不動産売買契約書、建物賃貸借契約書などの写しを添付する必要があります。

▼加算支援金をめぐる問題

長期避難世帯が加算支援金を申請する際、注意しなければならないことがあります。長期避難世帯の認定期間中に申請する必要があることです。認定が解除された後は、住宅の被害程度に応じて加算支援金の対象世帯となるかどうかが個別に判断されます。長期避難世帯に認定された地域で再建する場合には加算支援金の申請はできないことになっていますが、安全が確保されたあとはその地域での住まい再建でも加算支援金が申請できるよう運用変更がなされるべきです。

「罹災証明書の世帯主は父親です。子である自分が住まいを建築したり購入したりしても加算支援金は出るのですか」という相談をよく受けます。世帯主が父親であり、子が被災時にその世帯構成員（同じ住民票に名前があるということ）であれば、加算支援金を申請できます。住民票が別（別世帯）であっても、父親と子が共同で工事請負契約や不動産売買契約など交わす場合は支給の対象になります。

加算支援金の対象となる住宅の建築や購入場所は、被災した場所と異なる都道府県でも構いません。少し特殊な「住宅の購入」形態となりますが、相続登記未了の不動産の共有持分を、ほかの法定相続人から買い取る際に加算支援金が支給されたケースもありました。加算支援金についてもあきらめずに相談することが大切です。

加算支援金をめぐる相談で目立つのは、被災を機に高齢者施設に入ることを検討するお年寄りの存在です。特別養護老人ホームや介護老人保健施設など介護保険適用のサービスとなる公的施設の入所は、加算支援金の支給対象になりません。他方、民間の老人ホームや高齢者向け住宅について、内閣府は「ホームの形態や契約内容等によって、賃借に限らず購入になる場合や、そのいずれにも該当しない場合も考えられ、個別具体的に判断」するよう、都道府県に求めています。

被災した住宅の再建に当たり、増築を検討する人の相談がよく寄せられます。内閣府によると、被災した建物の一部を新しい住宅の一部として使用して住宅を建築することは「補修」に当たります。ただ、別の建物を増築して住む場合で、増築部分が住宅の機能を「完結」していれば、被災した建物と一部の壁や配管が共有されていても「建設」と見なされます。この考え方は、罹災証明書の対象となった家屋以外の建物での増築の場合にも当てはまります。「建設」か「補修」かにより、加算支援金の支給金額が違ってくるため注意が必要です。

一方、被災した建物の基礎や柱を生かした改築は、新築に近い大規模改築でも「建設」ではなく「補修」と判断されることが多いと考えられます。

▼検討すべき強制加入の災害共済

被災地で、罹災証明書の複雑な判定区分や、この加算支援金の受給条件のパズルのような説明をするたびに、本当に内容を理解してもらえるか、実際の申請にまでつながるか、私は不安を感じます。

現在の被災者支援制度の構造、特に加算支援金の構造は、罹災証明書の細かい区分も影響して、あまりに複雑になりすぎています。複雑であっても、被災された人に確実に支援が届くならよいのですが、申請主義のもと、知識ある人、強い人だけが支援にたどりつける現在の仕組みは、国民の権利保障の点からも問題です。災害大国である日本では、医療に関する国民皆保険制度と同様、保険・共済については強制加入にし、国民全体で災害リスクに備えるとともに、複雑な申請がなくても住まいの再建資金を確保できる仕組みへの転換が必要ではないでしょうか。その上で、持ち家ではなく賃借物件に住む人の再建支援や、災害で収入が減少した人への支援を別途検討すべきでしょう。

▼公費解体制度

公費解体制度は、すでに説明した通り、災害で損壊した「全壊」または「半壊」の家屋などについて、持ち主の申請に基づき市町村が代わりに解体・撤去する仕組みです。

この制度は被災者生活再建支援法などに基づく支援制度ではなく、廃棄物の処理及び清掃に関する法律など廃棄物処理に関する制度です。所管は環境省です。

罹災証明書で「全壊」と判定された建物が公費解体制度の対象です。「著しく異常かつ激甚な非常災害」となる特定非常災害に指定された大災害や一部の複合災害では、対象を「半壊」以上に拡大する運用が行われてきました。

公費解体制度は、被災した人たちを直接支援する仕組みではありません。被災した市町村が国の補助を受けて実施する災害廃棄物処理事業の形を取ります。このため、大災害で国が制度適用拡大の方針を取っても、被災した市町村が公費解体を実施しないことがあります。二〇一八年の西日本豪雨でも、一部の自治体が公費解体を実施しませんでした。

公費解体の対象範囲をあえて限定する市町村は、個人の生活再建ばかりでなく、地域の復興を妨げることになります。能登半島地震で注目されるのは、「半壊」以上の建物であれば、住宅だけでなく、納屋、倉庫、法人名義の建物、店舗なども公費解体の対象になったことです。住宅以外に対象が拡大すると市町村の罹災証明書の調査負担も増えます。調査を支援する仕組みや調査の簡易化、罹災証明書の区分の簡素化が一層求められます。

能登半島地震で私が対応した被災相談は、住まいの一部解体に関するものが目立ちました。特に二〇二四年二月から同年四月ごろにかけて集中しました。増築した建物が非常に多いという地域の特殊性から「旧家屋は解体したい。被害が比較的小さい増築部分は残したい」という内容でした。

家屋の一部だけを解体・撤去するケースは、国庫補助の対象とはならず、被災家屋全体を解体・撤去する場合のみが対象となると環境省は説明しています。ただし、登記上別棟であったり、構造上別棟であったりする場合には一部解体も対象になる可能性があるとしています。一部解体に当たり、「縁切り」と呼ばれる建物を分ける工事を所有者の自己負担で行うよう求められることもあります。専門の技術系ボランティアが重機を使って縁切りをする例も報告されています。

一部解体では、被災者生活再建支援金が支給される「解体世帯」にはならないことに注意が必要です。

▼公費解体と所有者の同意

公費解体の申請には原則、建物の所有者全員の同意が必要です。単独の所有なら手続きはスムーズです。特に問題が起きやすいのは、所有権登記名義人が亡くなった後に登記がずっと行われてこなかった建物です。この相続登記未了のケースは、法定相続人全員の同意が必要となることから、兄弟姉妹など家族の折り合いが悪く、同意の協力を得られないと申請ができない場合も出てきます。

建物の所有者が複数いる場合も、これと同じです。東日本大震災や熊本地震では、申請者が責任を持つとの宣誓書を市町村に提出することで公費解体を認める方式が取られました。能登半島地震でも一部の自治体が検討しました。ただ、所有者同士のトラブルや訴訟に自治体側が巻き込まれる恐れがありました。能登半島地震では、環境省と法務省が円滑な手続きにより公費解体を加速させる必要があるとして、倒壊や焼失により建物の機能が失われたと判断できる家屋については、所有者全員の同意がなくても市町村の判断で公費解体ができるという新たな指針を示しました。建物性が失われていれば財産権を侵害する恐れは少ないことから、適切な運用だと考えられます。

他方、建物に一定の機能が残っていると、市町村が公費解体の可否を判断するのが難しくなります。財産権の保障や紛争リスクを考えると、被災マンション法（被災区分所有建物の再建等に関する特別措置法）のように、多数者の同意で解体を可能とする立法措置が求められます。

被災マンション法では、政令で指定された大規模な災害時に、マンションが重大な被害を受けた（マンションの価格の二分の一超に相当する部分の滅失）場合、マンション所有者の五分の四以上の多数決で、①マンションを敷地と共に売却する②マンションを取り壊し、かつ、敷地を売却する③マンションを取り壊す――のいずれかを決議することができます。二〇一三年に同法が改正されるまでは、民法の原則により、区分所有建物が滅失した場合を除き、所有者全員の同意が必要でした。

公費解体の前までに、被災家屋の中に残っている貴重品や家財道具などを回収・処分するよう、所有者に求める市町村があります。震災では余震が続くことから、建物倒壊による負傷のリスクがあります。住民やボランティアを危険にさらす自治体の要請は不適切であると言えます。

被災家屋を自費で解体・撤去した人に、費用が償還される仕組みがあります。自費解体による費用償還制度です。市町村への申請が必要です。償還額は市町村が定めた基準で算定され、解体業者へ支払った金額を下回ることがあります。被災地では建築や解体の詐欺も横行します。そのため、契約前に十分に市町村などに相談をすることや、複数の業者の解体見積もりをとることが大切です。この制度のメリットは解体作業に早く着手できることです。デメリットは前述のリスクのほか、費用負担が一時的に発生し、費用が償還されるまで時間がかかることです。

▼被災家屋と税金

被災家屋の解体の関係で相談が多いのは、解体後の土地や建物の固定資産税についてです。「住宅を解体すると土地の税金が六倍になるのか」そんな質問が相次ぎます。住宅が災害により滅失又は損壊した場合で、一定の要件に該当すると、災害前に固定資産税の住宅用地の特例を受け税金が軽減されていた土地については、二年間に限り引き続き住宅用地として取り扱われ、軽減措置が継続します。また、熊本地震など大規模な災害では、この特例措置の対象期間が延長される例もあります。ただし、滅失や解体後の更地を駐車場など他の用途に使っている場合には適用されないこと、特例適用には申告書の提出が必要な場合があることに注意が必要です。

この制度とは別に、災害により土地、家屋、償却資産などの固定資産に被害があった場合に、災害後の固定資産税が減免されることもあります。制度の詳細は、申請が必要かも含めて市町村の判断になるので、災害後の情報に気を付けてください。

▼災害復興住宅融資

被災住宅の復旧・再建を目的にした住宅ローンに、住宅金融支援機構（旧住宅金融公庫）の「災害復興住宅融資」があります。住宅の建設・購入や補修の資金を借りられます。建設・購入資金の借り入れには半壊以上の罹災証明書（長期避難世帯も対象です）、補修資金の借り入れには一部損壊以上の罹災証明書がそれぞれ必要です。契約や返済の手続きは、災害復興住宅融資を取り扱う近隣の金融機関の窓口で行います。

住宅建設の融資限度額は、土地の取得を含む場合は五千五百万円、土地を取得しない場合は四千五百万円です。全期間固定金利で、返済の期間と方法は最長三十五年の元利均等毎月払いか、元金均等毎月払いとなります。高齢者の返済特例については、後述します。

申し込み期間は被災から二年間ですが、大災害では延長されます。年収に占めるすべてのローンの年間合計返済額の割合が一定の基準以下でないと申し込みができません。

住宅購入の融資限度額は、土地を取得するケースの建設と同じ五千五百万円です。

災害復興住宅融資には、被災した本人とその後継者が二世代でローンを返済する「親子リレーローン」や、被災した父母や祖父母が住むことになる住宅を建設、購入する場合に子が単独で申し込むことのできる「親孝行ローン」が用意されています。

災害復興住宅融資は住宅の建設、購入だけではなく、先述のように補修も対象になります。融資限度額は二千五百万円です。

▼高齢者向け返済特例

被災したシルバー・シニア世代向けの住宅ローンに、住宅金融支援機構が「災害復興住宅融資」に高齢者向け返済特例を設けたリバースモーゲージ型ローンがあります。「リバモ」と略す人が多いです。

この融資の特徴は、新しい不動産や今ある不動産を担保に融資を受け、毎月の返済は利子だけにとどめるというものです。借り入れ時の年齢で六十歳以上の人が対象です。元金の返済は、本人が死亡したときに、土地や建物を売却して返済したり、相続人が元金を一括返済したりするなどの方法が取られます。本人の死亡後に不動産が売れない場合や、売却額が残ローン額に満たなかった場合でも、相続人にローン残高の請求がないのがこの融資の大きな特徴です。

もっとも、本人の死亡後、相続人は相続登記をする必要があるため、不動産が処分できないと、不動産の固定資産税の負担は相続人に生じます。一方、競売手続などでも長期間不動産が処分できない場合には、抵当権が解除され相続人に抵当権の負担のない不動産が戻ることもあります。

被災自治体によっては、借入額の利子に助成する制度を導入しています。熊本県は住宅金融支援機構と連携し、熊本地震で被災した人たちに「毎月利子のみ一万円の支払いで自宅を再建」を合言葉にリバースモーゲージ型ローンを周知しました。能登半島地震でも石川県は、一定の条件のもと、県内での住宅再建のための借り入れにかかる利子への助成を行いました。最大三百万円です。自治体の復興には住民の住まい再建が大前提となるため、被災した人の住まいの再建を後押ししようという意図があります。

このリバースモーゲージ型ローンで借りられる金額は、現在、再建する不動産の評価額の「六割」が上限です。住宅建設の場合は建設費（土地取得額を含む）の六割、購入の場合は購入費の六割まで借りられます。補修の場合は、修理する不動産の評価額（固定資産評価額に一定割合を乗じた金額）の六割が上限になります。

たとえば金利が三％で、六百万円借りれば利息の返済額は毎月一万五千円です。元金を返済する必要がないため、年金収入しかない高齢世帯でも返済がしやすいと言えます。

この高齢者向け返済特例のリバースモーゲージ型ローンについてよく質問されるのが

「夫婦二人の世帯で、ローンを申し込んだ夫が亡くなった場合、残された妻の私は自宅から追い出されてしまうのでしょうか」という内容です。この問題を回避するためには、夫婦二人が連帯でローンを申し込むことが適切です。夫婦の一方が六十歳未満だと共同で融資を受けることはできません。融資の条件である年齢は、災害発生時ではなく借り入れの申し込み時点が基準となるため、申し込み期間をにらみながら夫婦が共に六十歳以上になるまで見合わせるという選択肢があります。

二〇一八年の西日本豪雨で被災した岡山県倉敷市の住民に対し、国立研究開発法人建築研究所が災害復興住宅融資の利用状況について調査しました。それによると、回答のあった五十世帯のうち、同融資を利用した人の平均年齢は七十二歳で、最高齢は八十六歳でした。平均年収は三百十二万円で、約四割が損害保険金を受け取れていませんでした。住宅再建費用の平均は千六百六十七万円、平均借入額は千百三十三万円でした。同融資の制度がなかったら「災害公営住宅に入居していたと思う」と回答した人が六四％に達しました。注目されるのは、倉敷市が補助金により利子を軽減する施策を実行したことです。この結果、本人の負担額は毎月平均一万二百二十一円となり、軽減額は毎月平均七千二百円に上りました。シルバー世代には手厚い支援だったと言えます。

応急仮設住宅を退去したあとに災害公営住宅に入居する人も多くいます。復興住宅とも呼ばれます。

▼災害公営住宅

災害公営住宅は、公営住宅法に基づいて被災した人のために建設される恒久的な住宅です。一軒家型、集合住宅型があります。「滅失した住宅に居住していた」人に賃貸されます。災害公営住宅では、入居時の収入条件は緩和されますが、一定の収入を超える人は入居の数年後に家賃が上がったり、退去を求められたりすることがあります。東日本大震災では、入居後一定期間家賃補助が実施されました。

入居には、住んでいた住宅が災害で「滅失」したことが必要ですが、この解釈は自治体ごとに異なります。半壊の住宅について、解体や解体予定を条件とする自治体と、より柔軟に判断する自治体があります。賃貸住宅に住んでいた人について、所有者による解体まで必要かどうかも自治体ごとの判断です。

建設数が限定されるため、条件を満たす人全員が入居できるとは限りません。抽選になることもあります。災害公営住宅の建設では土地の確保が課題です。二〇〇七年の能登半島地震では、被災した人の所有地を輪島市に無償提供し、輪島市がその土地に災害公営住宅を建設する方式も取られました。これは輪島方式と呼ばれます。入居中は賃料を支払い、希望すれば将来的に、安く土地と建物の譲渡を受けられるという画期的なものでした。今後の災害でも検討されるべきモデルです。

▼雑損控除

「雑損控除」は、住宅や家具、衣類など日常生活を営む上で欠かせない資産が災害で損害をこうむった場合、一定額の所得控除を受けられる仕組みです。医療費控除の仕組みと同じです。これは所得税法などに基づきます。事業用の資産や別荘、三十万円を超えるような高価な貴金属などは対象外です。

私が被災説明会で注意を喚起しているのが家財の損害についてです。「うちには高価な家財なんてありません」と多くの人が反応します。家財の取得額が分からないときは、国があらかじめ定めた金額（家族構成別家庭用財産評価額）を使って、損失額（家族構成別家庭用財産評価額×被害割合）を計算することになっています。被災した住宅内の家財の評価額は世帯主の年齢が二十代なら夫婦で五百万円、三十代なら八百万円、四十代なら千百万円、五十代以上なら千百五十万円となります。さらに夫婦以外の大人が世帯に加わるごとに一人につき百三十万円が評価額に加算され、子ども一人につき八十万円が加算されるのです。非常に評価額が高く設定されており、被災した人に寄り添った損失推定の規定と言えます。

被害割合も簡易に決まっています。罹災証明書が「全壊」ならば一〇〇％、「半壊」ならば五〇％、一部破損なら五％の被害割合を申告することができます。

水害のケースは浸水の被害を加算することができます。たとえば、四十歳代夫婦の暮らす二階建て住宅が、土砂を伴う床上一〇《セン》チの浸水を記録して、自治体から「半壊」の罹災証明書を交付されたとします。その場合には評価額千百万円の家財に対して、半壊で五〇％、浸水で四〇％、合わせて九〇％の被害を受けたと申告できるのです。つまり、千百万円×〇・九＝九百九十万円が家財の損失額になります。ここから本人に支払われた家財保険金があればその額を差し引き、さらにその年の総所得金額の一〇%を引いた金額を確定申告することで、所得控除が受けられます。所得が減るため所得税は減り、住民税も減ります。詳しくは国税庁のウェブサイトで確認できます。

家財の損害以外にも住宅や車、さらにはお墓の被害についても雑損控除の対象になります。

損失額が大きくてその年の所得金額から控除しきれない場合は、翌年以後、三年間にわたり繰り越して各年の所得金額から控除することが可能です。特定非常災害に指定された大災害では繰り越し期間が五年間に延長されます。このため五年間、所得税と住民税を納めなくてもいい人が出てきます。災害が発生した年の確定申告が難しくても、五年間までさかのぼって申告できるため、慌てる必要はありません。

所得額が一千万円以下の人については、「所得税法」による雑損控除ではなく、「災害減免法」による税金の軽減免除を選ぶこともできます。どちらが有利かは被災した人によって違います。災害減免法の場合は、一定の条件を満たせば、所得額が五百万円以下なら所得税は全額免除されます。五百万円を超え七百五十万円以下なら二分の一の軽減、七百五十万円を超え一千万円以下なら四分の一の軽減となります。災害の後、税理士や税務署が相談会を開催することがありますので参加することをお勧めします。

▼自治体独自の支援制度

都道府県や市町村が被災住民の生活再建を独自に支援することがあります。こうした自治体側の独自の支援事業について説明します。

罹災証明書が「半壊」「準半壊」「準半壊に至らない（一部損壊）」の世帯は、解体世帯や長期避難世帯に当たらない限り、国の被災者生活再建支援金の支給対象にはなりません。能登半島地震では、十の市町が独自の制度を設けて、「半壊」以下の世帯を含む被災住民への給付を決めました。二〇二四年八月時点における石川県のまとめによると、「準半壊」世帯に限っても、七尾市（二十万～五万円）、小松市（十五万円）、加賀市（十五万円）、羽咋市（十万円）、かほく市（十五万円）、津幡町（十五万円）、内灘町（十五万円）、宝達志水町（十万円）、中能登町（十万円）、穴水町（十万円）が支給の対象にしました。

のり面崩壊、崩土、地割れ、陥没、液状化による地盤崩壊、擁壁亀裂といった宅地被害の復旧や地盤改良には、多額の費用がかかります。ケースによっては数百万円から一千万円をはるかに超えます。石川県は能登半島地震で被災した宅地に対する復旧支援に本格的に取り組みました。支援対象となる工事の補助額は最大で七百六十六万六千円になります。輪島市など被災市町がさらに補助額を上乗せする例もあります。

被災により耐震性が低下した住宅の耐震改修と傾斜修復に対しても、国と市町の分と合わせて最大百八十万円の補助枠を設けました。

二〇二三年の奥能登地震で被災した石川県珠洲市は、特定非常災害でなかったため、国の制度では公費解体の対象にならない「半壊」世帯に対し、石川県との協力により解体費用を補助しました。二〇二一年に土石流災害のあった静岡県熱海市も「半壊」世帯に、市の負担で公費解体を適用しました。

二〇二二年の台風15号では、静岡県磐田市が、発災の約十日後には、災害救助法の応急仮設住宅の対象にならない人も含め、床上浸水などにより住宅に困窮している人に市独自の応急住宅（みなし仮設型）を提供しました。その後、静岡市も床上浸水の世帯に対して応急住宅支援金として家賃補助を実施しました。

被災自治体は、公営住宅を一時的に無償提供することで住宅支援は十分だと考えがちです。しかし、公営住宅は、空き戸数が少ない上、学校や病院に通えなくなる遠方にあることも多いです。上層階しか空きがなく高齢者や障害者が階段を昇降できない、ペットの飼育が禁止されているなど、被災した人にとって入居のハードルが高いことを知ってください。

このほか、東京都練馬区では、災害救助法の適用外となる「小災害」で住宅や店舗、事務所、工場などが全壊・全焼、半壊・半焼、床上浸水した場合でも、被災区民に見舞金を支給しています。二人以上から成る一般世帯が半壊・半焼以上の住宅被害に遭えば一律四万円、床上浸水で一律三万円が支給されます。事業所への支給額は半壊・半焼以上で一律二万円、床上浸水で一律一万五千円となります。さらに区民が「小災害」で死亡した場合についても、一人につき六万円の弔慰金が遺族に支給されます。地方自治体は条例や規則、要綱などを独自に定め、被災住民のニーズに応える支援を推進することができるのです。

災害救助法や被災者生活再建支援法の支援は、大規模な災害では自治体の財源だけで住民支援が難しいため、これを補助するために実施しているにすぎません。これらの法律が適用されない場合は、住民支援が不要なのではなく、自治体が独自の財源で支援を進めることが求められているのです。

第七章　生活再建のシミュレーション

生活再建のための公的支援制度の活用について、具体的に考えたり検討したりするのは簡単ではありません。被災した人は毎日をどう過ごすかで頭がいっぱいになります。被災しない人は発災を切実には感じません。そこで再建をシミュレーションすることにより、公的支援制度の具体的活用について理解を深めてもらいたいと思います。

以下のいずれのケースも、地震保険や火災保険（共済）がもらえない厳しい状況をあえて想定することにします。

▼半壊住宅の修理

罹災証明書で半壊の判定を受けた住宅を修理するケースをまず考えてみましょう。修理費用に七百万円かかると仮定します。

はじめに応急修理制度を利用するかどうかを検討する必要があります。この制度を利用すれば、住宅被害の程度が半壊以上で限度額七十一万七千円（二〇二四年基準）に相当する工事の補助を受けられます。二〇二四年九月の能登半島豪雨では、半壊以上の住宅の応急修理は同じ金額の限度額になるのに対し、同年元日の能登半島地震では二〇二三年基準が適用されるため、七十万六千円が上限になります。

修理が完了した後は、応急仮設住宅に原則入居できなくなります。修理完了前は、被害状況、災害の規模などよっては半壊の世帯でも、応急仮設住宅に入居できる場合があるので、市町村に相談した上で、制度利用の是非を考えます。半壊以上が公費解体の対象になる大災害の場合でも、応急修理制度を利用すると公費解体制度は利用できなくなります。その点でも制度利用には慎重な検討が大切です。

応急修理制度については「自らの資力では応急修理をすることができない者」であることが利用条件になっています。このため市町村によっては、利用条件に当てはまるかどうかを厳しく確認をするところがあります。全壊や大規模半壊の世帯には資力の要件はありません。半壊や準半壊についても、具体的な所得基準はすでに廃止されました。これに伴い、所得証明書の提出は求めず、収入状況や資力の不足理由を簡単に記した「資力に関する申出書」を提出するだけで申請を受け付ける自治体が目立ちます。被災住民のためにも、職員の事務負担軽減のためにも、地域の復興促進のためにも、こうした運用が原則とされるべきです。

石川県の「資力に関する申出書」は、あらかじめ記入例として「住宅ローン、教育ローン等を組んでおり、手持ちの現金もほとんど無いため、応急修理費用が工面できない」「日常生活費や教育費等の支払いで余裕がないため、応急修理を実施する資力がない」「年金収入のみのため、応急修理を実施できる資力がない」「介護費用などの出費で余裕がなく、応急修理を実施できる資力がない」と書かれています。記入例をそのまま書けばよいため、「被災住民ファースト」であると同時に、職員の負担軽減にもつながる運用と言えます。

半壊世帯が住宅の修理をする場合、応急修理制度の利用に加えて、義援金や、場合によっては自治体独自の支援金の受け取りを期待することができます。たとえば、義援金の配分が二十万円、自治体の支援金支給が十万円あったとします。応急修理制度と合計した実質的な支援額は百一万七千円です。この時点で、修理費用の残り約六百万円をどうするかが課題です。この金額を現預金で賄うことのできる人もいると思いますが、ここでは除外し、借り入れを考えます。

社会福祉協議会は、被災した住宅の補修や改築に福祉費の貸し付けをしています。貸付限度額は二百五十万円で、対象は低所得、障害者、高齢者のいずれかに該当する世帯です。

罹災証明書を取得した世帯は、住宅金融支援機構の災害復興住宅融資（補修）を利用できる可能性があります。融資限度額は二千五百万円です。店舗併用住宅でも住宅部分の床面積が全体の半分以上あれば対象になります。

融資の申し込み時に六十歳以上であれば、高齢者向け返済特例の付いたリバースモーゲージ型ローン（リバモ）を利用することも考えられます。第六章で解説した通りです。ただし修理にこの高齢者向け返済特例を利用する際は少し注意が必要です。なぜならば、土地と建物の固定資産税評価額に一定の割合を掛けた金額の六割が融資の限度額になるからです。土地と建物の固定資産税評価が低い場合には、融資額が不足することがあります。特に、地方や郊外で被災した場合、必要な金額に届かない可能性も考えられます。

修理に必要な六百万円を災害復興住宅融資の高齢者向け返済特例により借り入れることにしましょう。土地と建物の評価額については問題がないという前提です。そうすると、現貯金を一切使わず七百一万七千円を工面できることになります。内訳は、応急修理制度七十一万七千円、義援金二十万円、自治体の支援金十万円、借り入れ六百万円の合計です。

融資六百万円に対する毎月の返済額は、年利三%ならば一万五千円（元利均等返済）となります。現預金がほとんど手元になく、年金収入のみで生活する高齢者世帯でも、本格的な自宅の修理ができる見通しがつきました。もちろん、借り入れは、社会福祉協議会の制度や災害援護資金貸付制度（第六章参照）、または民間の金融機関などの利用も可能です。

▼準半壊住宅の修理

次のケースは、自宅が準半壊した人です。準半壊世帯の大半は修理を選択します。はじめに注意しなければならないのは、被害の認定区分を引き上げるための二次調査や再調査の申請を検討することです。

準半壊世帯は基本的に応急仮設住宅には入居できません。このため、半壊以上の世帯と違って応急仮設住宅に入るか、それとも応急修理制度を利用するかと悩む必要はなく、応急修理制度の申請を考えます。費用の限度額は三十四万八千円（二〇二四年基準）です。

半壊世帯のケースと同様、義援金の配分を申請します。手にできる義援金の額は、半壊世帯よりも小さくなります。能登半島地震の石川県管轄の義援金配分は、二〇二四年十月時点（第三次配分まで）で全壊世帯が百八十万円、半壊が四十五万円、準半壊は三十五万円でした。

地元の市町村が準半壊世帯に対する独自の支援金支給を決めた場合は必ず申請します。義援金の申請をしていれば別途申請しなくても自動的に給付を受けられることもあります。能登半島地震で独自に準半壊の住宅補修を支援した自治体の例では、金額は十五万〜十万円でした。

応急修理制度の利用と義援金の配分を合わせても、百万円にも届きません。このため、自己資金で修理費の不足分を補わなければなりません。資金に余裕がなければ、半壊のケースと同様に、社会福祉協議会や住宅金融支援機構などの融資を検討する必要があります。住宅金融支援機構の災害復興住宅融資（補修）は、罹災証明書が交付されていれば借り入れることができるため、準半壊世帯も対象になります。

併せて利用を検討したいのがボランティアの活用です。

水害では床下に堆積した土砂の撤去から、水を吸った重い畳の廃棄や家財の撤去、送風機を使った床下の乾燥と消毒、壁の撤去、断熱材の取り出し、室内の片づけ、残すものと捨てるものの選別、屋根や外壁をブルーシートで張る応急処置まで、ボランティアが担ってくれる作業は多岐にわたります。震災でも同じです。ボランティアに被災住宅の応急対策を依頼することで被害の拡大を防ぎ、修理の際の費用を抑えることができます。相談窓口は被災地の市区町村社会福祉協議会などに設置される災害ボランティアセンターです。被災時に遠慮する必要はありません。

▼自宅建て替え

被災により自宅を建て替えようとする場合、公費解体制度が使えるかどうかが再建の費用を大きく左右します。半壊以上の罹災証明書を取得したと仮定します。特定非常災害に指定された大災害などでは、半壊以上の家屋に対して公費解体制度が適用され、無償で解体・撤去をしてもらえるのが従来の運用です。

解体後の更地に千五百万円で家屋を再築するケースを考えてみましょう。ただし、建築費用は地域や経済状況により変動する場合があります。家屋が実際に建つまでには年単位の時間を要します。大災害では建築需要が一気に高まるため数年にわたって待たされることがあります。津波被害を受けた地域では、土地のかさ上げや土地区画整理事業に時間がかかります。建築基準法に基づき、「災害危険区域」に指定されると、建築が原則禁止されるため、移転先を探す必要が出てきます。

家屋が完成するまでは、応急仮設住宅で暮らすのが一般的です。入居期間は原則最長二年です。大災害では被災した人びとの生活環境の整備状況を考慮して、しばしば期間は延長されます。

今回のケースも、支援の一つの柱は被災者生活再建支援金と義援金になります。住宅が半壊以上の被害を受けたり、敷地に被害が生じたりしてやむを得ず解体した被災世帯は、「解体世帯」とみなされ、「全壊世帯」と同じ支援が受けられます。二人以上の世帯なら、基礎支援金百万円、建築契約の締結によって加算支援金二百万円がそれぞれ支給されます。一人暮らし世帯なら金額はこの四分の三です。

義援金の配分金額は災害ごと、地域ごとに異なります。マスメディアの報道の仕方によっても義援金の集まり具合は違ってきます。具体的な配分金額は義援金配分委員会が決めます。「解体世帯」が全壊と同じ額の義援金を手にすることもあります。能登半島地震で石川県が管轄する義援金では「解体世帯」「長期避難世帯」が全壊として扱われました。

ここでは二百万円の義援金がもらえるとします。これに被災者生活再建支援金の合計額である三百万円を加え、合計五百万円を確保できる見通しがつきました。次は建築費用の残り一千万円を準備する必要があります。

これまでのケースと同様、災害復興住宅融資の高齢者向け返済特例を利用すると仮定します。借入限度額は、土地取得がないため四千五百万円となりますが、本件の建築費用は千五百万円であるため問題ありません。不動産評価の六割以下という制約は付きます。

不動産評価は、建築の場合には建築金額と土地の評価額の合計で算定されます。今回のケースは、建築費用が千五百万円でした。所有する土地の評価がたとえば五百万円であれば、合計二千万円が不動産評価額となり、その六割の千二百万円までは借り入れをすることができます。その結果、残りの一千万円は全額融資で賄える見通しになりました。

一千万円を借り入れた場合の返済は、高齢者向け返済特例では毎月の利息のみの支払いで済みます。年利三％なら毎月二万五千円の支払いになります。貯金を切り崩す必要はないと言えます。

以上のように、高齢で年金収入しかなく、預貯金も十分にないという世帯でも、住まいの建替えをあきらめなくていいことが分かります。公費解体制度、被災者生活再建支援金、義援金、災害復興住宅融資、これらが再建の鍵を握る制度と言えるでしょう。ちなみに、能登半島地震ではこれに加え、前述の特例給付金の制度により最大三百万円が追加でもらえる可能性もあります。さらに資金に余裕が生まれます。

リバースモーゲージ型ローンに当たる高齢者向け返済特例（リバモ）については、「売れそうな不動産にしか貸してくれない」といった考えが一部に流布しています。少なくとも住宅金融支援機構の災害復興住宅融資に関しては、このような事実はありません。もちろん、融資には諸条件がありますが、不動産の評価に関しては、建設費や不動産売買額、固定資産税評価額などから形式的に算出されるため、融資する側の予断や恣意的な判断が働く余地はありません。

▼住宅購入

次は、住宅を新しく購入するケースを考えます。選択肢がいろいろあります。どこの土地に暮らすか。物件は新築か中古か、一軒家か集合住宅か。多くは引っ越しが前提になります。親族名義の住宅を買い取るなら、現地か現地の近隣にとどまることも考えられるでしょう。

被災地の説明会や相談会で住宅の購入について尋ねられたら、極端な例を挙げて私は説明することにしています。夫婦旅行で北海道の道北を訪れたことのある人に対しては、富良野市を舞台にした人気テレビドラマ『北の国から』に触れ、広大なラベンダー畑の風景と香りを思い出してもらいます。「一生に一度でいいから富良野に住めたらどんなに素敵だろうと思ったことはありませんか」と逆に尋ね、「実は希望さえすれば富良野に住めますよ」と私は言います。

富良野市移住を仮定する場合も、災害復興住宅融資の高齢者向け返済特例が利用可能です。基本的に建て替えのケースと同じ仕組みです。

半壊の自宅を公費解体制度で解体します。これにより全壊と同額の被災者生活再建支援金が受け取れます。基礎支援金（百万円）と富良野市の住宅購入により加算支援金（二百万円）の合計三百万円が支給されます。義援金は同じく二百万円もらえると仮定しましょう。

富良野市の住宅情報をインターネットで調べてみます。仮に一千万円で中古の一軒家が売りに出されていたとします。国の支援金と義援金で五百万円は確保できるため、残る五百万円を準備する必要があります。

高齢者向け返済特例を申し込むなら、住宅の購入金額の六割まで借り入れることが可能です。一千万円の物件であれば最大六百万円まで借りられます。富良野市の中古住宅に手が届きます。しかし、住宅の購入に当たっては、引っ越し費用や仲介手数料、登記費用がかかるほか、必要に応じてリフォーム代や家財の購入費用などが加わります。そのため、自宅の土地を公費解体後に売却できれば、これらの費用に充てられます。災害や被災市町村によって追加の支援が受けられる場合もあります。先述した能登半島地震での特例給付金の例が参考になります。

富良野市というのはあくまでも一つの例にすぎません。被災した自宅と同じ市町村の駅前のマンションや近隣の空き家を購入するなど、選択肢は多数あります。

被災したからといって人生が終わるわけでは決してありません。明日からの生活は一人一人の手の中にあります。人は自由です。誰からも制約されません。私が富良野市を例に挙げたのは、そのことを知ってもらうための方便なのです。富良野市での住宅購入の話をすると、被災した多くの人が笑います。突拍子もない話だからというだけではないはずです。再建への希望や自分の人生をまだあきらめなくていいという希望を感じられたから。私はそう信じています。

▼賃貸物件への転居

被災前の生活にとらわれず、被災後に賃貸のアパートやマンション、災害公営住宅などに引っ越すケースもあります。いずれも賃料を支払います。住んでいた応急仮設住宅がそのまま災害公営住宅に転用される場合もあります。

災害時に賃貸物件に住んでいた人は、生活再建に強みがあるとも言えます。被災住宅の再建を考えずに、次の住宅探しに集中できるからです。被災で再建費用の点で大きなダメージを受けるのは賃貸住宅の借主よりも、貸主の方です。所有する賃貸物件が被災しても、被災者生活再建支援金や義援金は貸主には基本的に渡りません。支給の対象はあくまでも居住者、ここで言えば借主だからです。

災害により賃貸住宅に住む人がいなくなれば、貸主に家賃は入りません。被災した中小企業の施設・設備の復旧を目的に自治体が交付する「なりわい再建支援補助金」の対象からも、賃貸アパート・マンションは除外されます。貸主に建設のローンが残っていれば、大きな負担がかかってきます。

他方で借主は、罹災証明書を申請し、さまざまな支援制度を活用しながら新たな住まいを探すことになります。

被災時に住んでいた家屋が持ち家でも借家でも、罹災証明書が交付されれば、家屋の被害に応じて被災者生活再建支援金を受け取れます。公営住宅を除く民間の賃貸物件に転居する場合、二人以上から成る世帯に対して全壊（解体世帯・長期避難世帯を含みます）は基礎支援金と加算支援金の合計として百五十万円、大規模半壊は同じく合計で百万円、中規模半壊は加算支援金のみですが、二十五万円が支給されます。単独世帯は被害区分に応じた支給額の四分の三です。

もちろん、新たな住まいが確保できるまでの間、条件を満たせば応急仮設住宅に入居できることは、持ち家の人と同じです。

第八章　復興への二人三脚と三人四脚

被災した人の生活再建や被災地の復興は、住民の「自助」と行政の「公助」との二人三脚、さらにはボランティアや支援団体の「共助」を含めた三人四脚で実現しなければなりません。これは、被災地支援を続けてきた私の結論です。どれ一つ欠いても、復興は順調には進みません。二人三脚や三人四脚は、それぞれがバラバラに別の方向へ走ろうとすると、当然一歩も前には進めません。被災地の復興も全く同じなのです。

不幸なことに、多くの被災地で住民と行政の対立が生まれています。被災住民とじかに接しなければならない市町村と被災住民の確執や軋轢が目立ちます。

「首長も職員も被災現場を見ようとしない」「被災者の置かれた苦しい現状を分かってくれない」「私たちは見捨てられた」「職員が窓口で冷たい態度をいつも取るので役場に

は行きたくない」「罹災証明書の再調査の申請期限が短すぎる」「調査の結果を開示してもらえない」「支援が全くない。どうすればいいのか」

被災地で相談会を開くたびに、こうした被災住民の声を私は耳にしてきました。

市町村の職員が被災住民との関係をこじらせてしまうのには、それなりの理由があります。経験したことのない災害対応への緊張と不安が主な原因として、まず挙げられます。次に、平時とは比較にならない膨大な量の業務があります。職員は疲労がたまり、睡眠不足に悩まされ、心身に不調を感じるようになります。住民の要望とクレームは殺到し、マスメディアの取材や議員の質問が続きます。そのうえ、国や都道府県から指示、催促が矢継ぎ早に来て、「災害報告」を上げなければなりません。

メンタルヘルスが不調になると、住民の要望は批判にしか聞こえず、自分への攻撃と受け取ってしまうこともあると報告されています。急性ストレス反応や急性ストレス障害が現れるケースが出て、中には休職したり依願退職したりする職員がいます。「公助」の停滞は、住民の生活再建にブレーキを掛けます。

▼餅は餅屋で

講演会で一緒になることが多い菅野拓氏は「餅は餅屋の災害対応で」と指摘します。大阪公立大学大学院の准教授を務め、復興政策に詳しい研究者の立場から「どんなことも専門家に任せた方がいい」を意味することわざを使い、災害救助法などを根拠に災害対応を行政に任せてきた仕組みを見直すよう求めます。つまり、被災住民の支援を社会保障として位置付けることにより、不得意な仕事を地方自治体に押し付けてきた従来の災害対応はやめるべきだというわけです。素人の市町村職員が、避難所運営から物資調達・配布、罹災証明書交付のための調査、被災住宅の応急修理と応急仮設住宅提供の事務手続きまでを迅速にするのは過酷です。これらの業務は、日ごろから慣れ親しんでいる物流や小売の専門業者、損害保険会社、民間非営利団体（ＮＰＯ）などの支援団体に委ねた方が迅速で効率的です。

菅野氏は「誤解を恐れずに言えば」と断った上で「素人が素人を支えることに公費を投じ続けることは社会資源の無駄遣いだ」と言います。専門の業者や支援団体がこれまでに培ったノウハウを復興に生かすことにより、公費の無駄遣いは減り、市町村職員も得意な本来業務に集中することができるはずです。

被災した自治体と支援する自治体がペアを組んで復興に取り組む「対口《たいこう》支援方式（カウンターパート方式）」の職員派遣が浸透、定着してきました。総務省のまとめによると、二〇一六年の熊本地震では、対口自治体から熊本市など被災市町村に派遣された職員は、震災後四日目に二百六十四人、五日目には六百六十四人、十一日目には千四十七人に達し、その後、約一カ月にわたり千人以上の規模が続きました。派遣された職員は避難所運営と罹災証明書交付事務に当たりました。二〇二四年一月一日の能登半島地震でも、被災した石川県内十四市町、富山県内三市、新潟県内一市に対し、六十三都道府県市から対口支援方式による支援チームが同年八月三日まで派遣されました。一日当たりの派遣人数のピークは一月二十六日の千二百六十三人でした。経験豊かな自治体職員による災害対応業務の支援は「餅は餅屋」の考え方に通じます。彼らが被災地で活躍できるためには、平時から派遣と派遣受け入れの準備を進めておく必要があります。

対口支援に限りませんが、特に災害対応の知見や経験豊富な外部からの派遣者が、被災地で形式的な作業に終始せず、遠慮せずに様々な提案ができるなど、現地で活躍できる環境作りも極めて重要です。被災地側の受援力の深化が問われる場面でもあります。

▼罹災証明書発行事務の二人三脚

ここからは、復興における二人三脚、三人四脚について具体的に考えてみたいと思います。「復興とはそもそも何なのか」ということがキーワードです。

住家被害認定調査とそれに続く罹災証明の判定は、内閣府がまとめた「災害に係る住家の被害認定基準運用指針」に基づき、被災市町村が実施します。

この運用指針に記された調査方法や被害認定基準はとても複雑です。これが市町村職員の負担を増やす一方、被害の実態を反映しない罹災証明書の交付につながっていることは第五章で述べました。

被災した家屋の被害実態に合わず、低く判定された罹災証明書の交付により最も困るのは被災住民です。応急仮設住宅に入れなかったり、公費解体制度が使えなかったり、被災者生活再建支援金が受け取れなかったり、義援金が少額になったりします。

それだけではありません。住民の生活再建が遅れると、市町村民税や固定資産税などが順調に納められない、住居を確保できず応急仮設住宅から退去できない、あるいは生活保護の受給者が増加するなど、さまざまな形で市町村の復興計画に支障が出ます。つまり、住民の再建なくして自治体の復興はあり得ないのです。一人一人の住民が集まり市町村を作っています。誤って被害程度を低く判定した罹災証明書を交付することで、住民も市町村も苦しむのは悲劇です。

このことは、被災自治体の復興資金の確保の面からも説明できます。本来半壊と判定できる住宅を準半壊と判定してしまった場合を考えてみましょう。準半壊の罹災証明書の交付を受けた住民は、基本的に応急仮設住宅には入居できません。大災害でも公費解体を申請できません。住宅を解体しても被災者生活再建支援金が支給されません。新たな住まいの建設や購入のための災害復興住宅融資も利用できません。能登半島地震なら、特例給付金の対象からも外れます。このような状況では、住民の生活再建を決定的に阻害します。その結果、被災自治体の復興が遅れるだけでなく、住民の再建を後押しするために独自財源を確保する必要に迫られるかもしれません。

一方、経済的被害に見合った「半壊」の判定が適切に行われれば、これらの支援を全て住民は受けることができ、再建につながります。しかもこれらの支援の根拠法が、災害救助法、被災者生活再建支援法、災害等廃棄物処理事業費補助金（公費解体）などであることを考えると、市町村の費用負担は原則発生しません。適切な判定が行われれば行われるほど、国や都道府県の費用で市町村の再建が可能になるのです。だからこそ市町村は、何が何でも被害の実態に見合った罹災証明書を交付する必要があるのです。

私は被害認定を甘くしろと言っているわけではありません。住宅の経済的被害に見合った公正で的確、かつ血の通った業務にすることが大切なのです。以下は罹災証明書の判定に不服があり、再調査を申請した人から聞いた話です。「これまでの調査では冷たい雰囲気だったのに、再調査で来てくれた職員は、在宅避難を続ける私に『この状況でよく頑張ってこられましたね』『何とか被害の実態に合った調査になるよう、頑張ります』と声をかけてくれました。涙が出ました」。被災した人たちは自治体職員の業務を通じて、自治体との間で信頼と絆ができることを望んでいるのです。

▼住家被害認定調査の創意工夫

住家被害認定基準の運用指針の総則には「市町村が、地域の実情、災害の規模等に応じ、本運用指針に定める調査方法や判定方法によらずに被害認定調査を行うことを妨げるものではない」と明記されています。この一文が追加されたのは二〇二四年五月です。それまではここまで明確に被害認定基準の弾力的運用を認める文言はありませんでした。

罹災証明書とその前提となる住家被害認定調査に関する事務は、市町村の自治事務に属します。市町村は国から財政支援を受ける立場にあることから、国側からガイドラインを示されると盲従する傾向がありました。それだけに同運用指針の弾力的運用を国が認めたことの意義は大きいと言えます。

市町村は被害認定調査で、運用指針の範囲内で創意工夫を凝らすことができます。水害の二次調査で、床上浸水した住宅の内壁に対する被害認定を例に取ってみましょう。ある自治体では実際に浸水した内壁の面積部分だけを被害面積として計算しました。この結果、建物が損傷した部位別点数（構成比）は低く抑えられました。別の自治体では、内壁の浸水が一部にとどまったにもかかわらず、壁の中にある断熱材を通じて実際の浸水深以上に被害が上部に広がった点を考慮し、被害面積を計算しました。これにより、経済的被害の実態に合った点数に近づくことができました。特別の事情がなければ、床上浸水は内壁全面に被害が及んだとみて、点数を求めていく自治体もありました。

床上浸水した住宅の修理で、浸水した部分の壁だけを切断して新たな壁を設置するケースは少数です。壁の中をくまなく清掃・消毒し、乾燥させる必要があることや、浸水後は再利用できない部材も多いため、内壁全体を交換する方法が通常は取られます。

内閣府がまとめた「被災者生活再建支援法の運用に係るQ＆A」には、「浸水等による住宅被害においては、床材、壁材、断熱材などの建材は、一度浸水すると、本来の機能を損失し、又は通常求められる住居の快適性を著しく阻害する場合がある。例えば、浸水の水位が低位であった場合でも、壁内部のパネルや断熱材の吸水により、壁の全面が膨張している場合があり、その際は、『内壁』全面の損傷として取り扱うことにな る」「水廻りの衛生設備等については、一度浸水すると、使用できない場合がある。さらに、浸水被害をもたらす台風災害においては、強風による屋根や天井の被害、水圧若しくは土石や泥流の流入による柱や基礎の被害を伴う場合もある」と被害認定のポイントが明記されています。経済的被害に見合った被害認定のための創意工夫を自治体が実行する上で大変参考になります。

さらに前述の内閣府の運用指針でも、「内壁面へ汚泥の付着など相当な汚損が見られ、内壁内部まで吸水している場合」「内壁面に、浸水痕とは別に、吸水等によるシミ・汚損・カビ等がみられる場合」については、「再使用が不可能な程度（損傷程度Ｖ）」と理解し、内壁面全面を損傷面積として捉えるよう求めています。

ここで注意しなければならないことは、目視が容易にできる「汚損」「シミ」「カビ」などの有無にとらわれすぎてはいけないことです。基準はあくまでも、「再使用が不可能な程度」であるかどうかです。

日本建築士会連合会の「浸水被害住宅の技術対策マニュアル」（二〇二三年版）によると、浸水後の内壁に対する再利用の可否判断目安は、クロスと繊維壁と下地（石膏ボード）については「基本的に再利用はできない」とされ、漆喰類と下地（土塗り壁）については「浸水の時間や材料の仕様により再利用も可能」と指摘されています。ただ、これらの内容は「あくまでも目安であり、最終的には現地での判断となります」と同連合会は注意を喚起し、材料の特性による経年状況、水に浸かっていた時間の長さ、接着剤の剥離状況、歪みや汚れなどが判断材料になると解説しています。ここでも決め手となるのは、現地の総合判断です。言い換えると、住宅被害の認定は現場に裁量があるということです。

市町村が被災住民の目線に立てば立つほど、自らの裁量権を行使できます。しかし、建築の専門家でもない自治体職員に、外観だけで容易に判別できない被害認定を求めるのは酷です。現在の住家被害認定調査の限界を感じます。

ただ、自治体としてあきらめるわけにはいきません。過去の被災自治体や専門家に、平時から研修を通じて経済的被害に見合った判定の創意工夫を学ぶことは有効です。また、特に二次調査については現場判断が可能な地元建築士会に依頼することが重要であり、平時から災害協定を締結しておくことも大切です。被災地に建築士や弁護士が二次調査や再調査の支援に入るケースも目立ってきました。こうした外部支援者の意見を、調査の「クレーム」と受け止めるのではなく、経済的被害に見合った判定につながるありがたい財産と考える姿勢が求められます。

難しい被害認定調査だからこそ、住民と行政の二人三脚、外部支援者や専門家を加えた三人四脚が不可欠です。「自助」と「公助」と「共助」がうまく合わさることで、復興のプロセスは対立から和解へ、反目から協力へ、断絶から連携への道筋が見えてきます。

▼申請期限と情報公開

市町村が裁量権を行使すべき対象に、罹災証明書の申請期間と情報公開があります。罹災証明書の申請期間、罹災証明における被害の二次調査・再調査の申請期限の決定は確かに難しい判断を迫られます。罹災証明書の申請が長期にわたったり、判定の変更が生じたりすると、義援金の配分などをいつまでも終了できない事態が生じるからです。罹災証明書の判定が前提となる固定資産の評価の見直し作業にも影響します。

能登半島地震では、罹災証明書の申請に期限を設けていない自治体がある一方で、早い段階から期限を設定する自治体がありました。さらに二次調査と再調査についても、申請期限を設けない自治体、罹災証明書の交付日から一カ月以内とする自治体、同交付日から三カ月以内とする自治体などがあり、判断が分かれる形になりました。

実は、罹災証明の交付期間は決まっていません。法的根拠がないのです。災害対策基本法90条の2第1項は「市町村長は、当該市町村の地域に係る災害が発生した場合において、当該災害の被災者から申請があったときは、遅滞なく、住家の被害その他当該市町村長が定める種類の被害の状況を調査し、当該災害による被害の程度を証明する書面（第四項において「罹災証明書」という。）を交付しなければならない」としているだけで、交付期間も申請期限も定めてはいません。

第五章で言及したように、能登半島地震をめぐり金沢弁護士会が「被災者支援制度により本来救済を受けるべき被災者が申請等期限を理由として救済されないことは決してあってはならないと考えます。また、申請等期限を設けることは、被災者を焦らせ、判断を誤らせるおそれもあります」とする会長談話を出しました。その背景には、自治事務として裁量権を駆使して創意工夫する自治体と住民の二人三脚による生活再建こそが、スムーズな復興につながるとの確信があります。

私が市町村に積極的な情報公開を繰り返し求めるのも、被災住民が生活再建に能動的に関わるためには、市町村の持つ情報が欠かせないからです。情報は迅速、正確かつ公正公平に伝えられるだけでは不十分です。形式的ではなく、住民一人一人が理解できるように内容をかみ砕いて伝えられなければなりません。住家被害認定調査の結果については特に情報公開が大切です。

罹災証明書交付の前提となる住家被害認定調査は、特に調査が複雑な二次調査においては、住民自身や建築士、弁護士、建築業者、ボランティア団体などの協力が不可欠です。二次調査や再調査の申請では、住民や支援者が、市町村が作成した住宅の被害調査の結果が記載された「住家被害認定調査票」を、前もって確認する必要があります。詳しい判定の内容とその理由・根拠が分からなければ、住民は二次調査や再調査の申請の適否を判断することができません。建築士をはじめ第三者の手厚いサポートを得た上で、市町村の担当職員らと二人三脚、三人四脚で連携しなければ経済的被害に見合った判定は難しいのです。

残念なことに、住家被害認定調査票の写しを当事者の住民に交付する市町村は一部にとどまっているのが現状です。ぜひ市町村は、二次調査や再調査の申請を、ひいては住民や支援専門家の存在を、敵対的なもの、調査に対するクレームと捉えるのではなく、建築の専門家でもない自分たちのために、必死に調査票と住宅の被害実態を見比べて、少しでも経済的被害に見合った判定に近づけようと頑張ってくれる存在と捉えてもらいたいと思います。判定が上がれば市町村が活用できる外部からの復興資金が増えることは先に述べた通りです。

内閣府の「災害に係る住家の被害認定基準運用指針」は、「調査実施後（地震の場合は第2次調査実施後）、被災者から判定結果に対する不服の申立てがあった場合には、当該被災者の不服の内容を精査し、再調査が必要と考えられる点があれば、その点について再調査を行う。再調査に基づく住家の被害の程度の判定結果については、理由とともに当該被災者に示すこととする」としています。罹災証明の判定結果と理由を示す一番の方法が、住家被害認定調査の写しを交付することであることは言うまでもありません。内閣府は、同運用指針を速やかに改訂し、本人から依頼があれば住家被害認定調査票の写しを交付することを明記すべきです。市町村が情報開示に消極的になることで市民からの個人情報の保護に関する法律に基づく自己情報開示請求などが相次ぎ、職員の事務負担がかえって増えれば本末転倒です。

▼行政窓口の雰囲気

二〇二二年の台風15号で被災した静岡市では、発災後約二年間にわたり市役所に建築士や弁護士、司法書士らが合同で相談ブースを設けました。被災した人から罹災証明書に関する相談があると、一緒に税務課に行き、速やかに住家被害認定調査票の写しを提供してもらうことができました。さらに相談者から被害の状況を聞き取りながら調査票の写しと見比べ、二次調査申請の適否について検討を進めました。ときには相談者の自宅へも同行しました。問題点を把握した後、市の担当窓口へ相談者と出向き、それまでの検討結果を伝えました。二次調査や再調査に役立ててもらうためです。私たちが再調査に立ち会い、現場で説明することもありました。

その間、一度として市の担当職員から嫌な顔をされたことはありませんでした。専門家である私たちはあくまでも客観的で合理的な根拠に基づいて検討し、公正に助言します。元の判定結果が経済的被害を正しく評価していると考えられる場合は、その旨を相談者に説明しました。「もやもやしていたことに対する説明を聞き、逆にすっきりしました。次に進めそうです」などと理解を示してくれる相談者ばかりでした。私たちは行政と住民をつなぐ役割を担うことができました。すべての被災地でこうした三人四脚の取り組みが進められれば、生活再建のパスポートとなる罹災証明書の問題で苦しむ被災住民は大幅に減少するはずです。ちなみに、静岡市の取り組みを例に、住家被害認定調査の写しを開示することの重要性と、それが自治体にとってプラスになることを丁寧に説明したことで、静岡県内の複数の自治体が方針を変更し、その後は開示に応じてくれました。

静岡市のケースとは反対に、職員の冷たい態度により被災住民を落胆させたり怒らせたりする被災自治体の担当窓口が存在します。中には住民の問い合わせや要望を「クレーム」と受け取り、口にこそ出さないものの「何しに来たのか」「今度は何だ」と心でファイティングポーズを取るような窓口もあります。そうしたポーズは住民に必ず伝わります。

二人三脚、三人四脚の復興を目指すなら、職員はファイティングポーズをやめ、行政の固い鎧を脱ぐ必要があります。

▼鎧を脱ぐ

弁護士ら専門家を対象にした被災者支援の研修会に招かれると、講師の立場から必ず参加者にお願いしていることがあります。「知識を暗記して相談に臨む必要はない」ということです。被災した相談者にはひと言目に「私も日ごろ、本業では災害の法律は使わないので分からないことだらけです。でも皆さんの力になりたくてここにいます。お話を聞いて、一緒に悩み、考えたいです。分からないことは調べます。ここで分からなければあとで調べてご連絡しますのでご安心ください」と言ってほしいと伝えています。

専門家の鎧を脱ぎ、同じ人として生活再建に伴走させていただくと伝えることが何よりも大切なのです。少し難しい文章も読める親切な親戚のお兄ちゃん、お姉ちゃんぐらいの立ち位置が、相談者にとっては一番話しやすくて安心します。

弁護士を含め専門家は職業柄、真面目な人が多いため「聞かれたらことはすべて答えないといけない」「相談された問題は解決できないといけない」と考えてしまいがちです。被災相談で簡単に解決できる相談はほとんどありません。話を聞くことが問題の解決より大切な場合もあります。一緒に泣き、一緒に怒り、一緒に悩み、一緒に調べる専門家が望まれると私は研修会で強調しています。

行政の窓口にも同じことが当てはまります。「正しいことを伝えなければならない」「変に期待を抱かせてはいけない」「できないことはできない」と職員はどうしても考えがちです。日本の行政は「無謬性の罠」にとらわれているかもしれません。職員は心のファイティングポーズを取らざるを得なくなります。それでは住民の信頼は得られません。行政の鎧をまず脱いで「困り事は何ですか。ぜひ聞かせてください」「すぐに解決できないかもしれませんが、一緒に考えましょう」と言って、対応する必要があります。市区町村を除いて、被災住民の味方になれる自治組織はないのです。

それだけに首長の役割と責任は大きいと言えます。ある被災地で「うちの首長は日に何度も災害ボランティアセンターに顔を出してくれます。住民の様子を見たり、話を聞いてくれるんです」と私に自慢げに居住地の首長のことを話す人がいました。聞いている私まで何だかうれしくなりました。首長の姿勢は住民だけでなく、職員にも浸透します。そうした自治体は被災住民の支援に熱心で、窓口の雰囲気はやさしく、発災前からも十分な備えを進めていました。

▼避難所の三人四脚

大阪公立大学大学院准教授の菅野拓氏は、一九三〇年の北伊豆地震における避難所の写真と、二〇一六年の熊本地震における避難所の写真を比べて、写真がカラーでなければどちらの避難所がどちらの災害で撮影したかは分からないと言います。九十年近くたっても避難所の環境はほとんど改善されていないというわけです。災害関連死を防ぎ、避難者の尊厳とプライバシーを守る避難所を設置・運営するためには、ふだんから行政と住民、自治会、ボランティア団体などが連携を確認し、実効性ある訓練を繰り返すことが重要だと言えます。

避難所の設置・運営は災害救助法で定められており、都道府県と市町村による独自の備えが被災した住民の命と健康に影響します。このため、国庫負担の対象となる器材の購入やレンタルについて、自治体が精通していることが最低限必要です。内閣府によると、避難所において国庫負担の対象となる器材と物品には▽緩衝材としての畳やカーペットのレンタル、プライバシー保護のための間仕切り設備と段ボールベッドの購入▽冷蔵庫、洗濯機、乾燥機、掃除機のレンタル▽タオル、下着類、歯ブラシ、消毒液、石けん、生理用品、市販薬の購入と携帯電話の充電器のレンタル▽保健師、栄養士、調理師ら炊き出しスタッフの雇い上げ▽炊き出し用の食材、調味料、調理器具の購入、炊事場の確保や簡易調理室の設置▽弁当の購入▽仮設風呂、簡易シャワー室、仮設ランドリー、仮設トイレ、授乳室の設置▽エアコン、扇風機のレンタル▽障害者と高齢者のためのスロープの仮設置▽テレビのレンタル▽高齢者用おむつの購入、ストーマ用装具の器材、補聴器、車いす、酸素ボンベの補装具のレンタル▽粉ミルク、液体ミルク、離乳食、乳幼児用おむつの購入▽翻訳機器のレンタル、通訳スタッフの雇い上げ――などがあります。

内閣府は「レンタルが困難な場合は購入しても差し支えない」としています。

▼災害関連死を防ぐ特別基準

国庫負担の対象となる器材の購入やレンタルについて自治体側が習熟していれば、住民も安心できます。

災害対策法制の改善に一緒に取り組む弁護士の岡本正氏は、大災害が起きると、災害救助法の適用された都道府県に対して内閣府が通知する文書「避難所の確保及び生活環境の整備等について」を内閣府や都道府県に確認したり、ホームページでの情報公開を求めたりしています。そこには被災住民の命と健康を守るためのポイントと国庫負担となる器材や物品の種類が明記されているからです。災害関連死の防止は最重要課題の一つです。

二〇二〇年の七月豪雨で内閣府が熊本・鹿児島両県に通知した同文書は、指定避難所以外にも可能な限り多くの避難所を開設し、ホテル、旅館、研修所などの宿泊施設を活用するよう求めました。リースもしくは購入できる器材・物品として、▽簡易ベッド（代用品等を含む）、畳、マット、カーペット▽マスク、消毒液▽間仕切り用パーティション、段ボールベッド、仮設スロープ▽テレビ、ラジオ、冷暖房機器▽公衆電話、公衆ファクシミリ▽仮設トイレ、障害者用ポータブルトイレ▽仮設洗濯場（洗濯機、乾燥機の借り上げ料を含む）、簡易シャワー・仮設風呂▽仮設炊事場（簡易台所、調理用品）▽その他必要な設備備品――を挙げました。

避難所の生活環境を整備するために、品目の最後にある「その他必要な設備備品」を幅広く捉えて、個々の避難所に合った器材のレンタル・購入を国に受け入れさせることもときには必要になります。そこでは自治体側の「胆力」と「知識」と「被災住民のニーズを把握する現場力」が試されます。自治体の「心・技・体」と言っていいでしょう。

災害救助法や同法施行令などでは、大災害の発生により、被災住民に提供する避難所や応急仮設住宅、炊き出しなどについて、「一般基準」と呼ばれる程度・水準や方法、期間では対応することが困難な場合は、「一般基準」に代わる「特別基準」を定め、支援の内容を拡大したり期間を延長したりすることができます。都道府県知事などが内閣総理大臣と協議し同意を得ることが条件です。大災害に見舞われた自治体は発災直後から「特別基準」の設定を検討する必要があります。そのためには住民や支援団体の協力と理解を得て、被災状況を速やかにかつ的確に把握しなければなりません。

「特別基準」が設定されるかどうかは、平時からの準備に加えて、救助を求める住民の切実な声が聞き届けられるかどうかにかかっています。その声を真っ先に聞くべき立場にあるのは市町村の職員です。被災現場に繰り返し出向かないと、その声を聞くことはできません。「現場力」が試されるわけです。

▼平時からの三人四脚効果

発災前から、行政とボランティア団体や支援専門家が共同で活動するケースも出てきました。静岡県では二〇二三年から「被災住宅応急復旧研修会」が開かれています。被災住宅の応急復旧に当たる業者、建築士、ボランティア団体への情報提供と復旧技術向上が目的です。静岡県危機管理部と静岡県社会福祉協議会の共催により、約三時間のプログラムが設けられ、「災害救助法の緊急修理制度」「浸水住宅復旧・応急処置の留意点」「災害救助法の応急修理事例」などについて、毎回、約百〜二百人が学びます。私も静岡県災害対策士業連絡会のメンバーとして講師を務めています。

同研修会で中心となるのは、災害支援団体「風組関東《かぜくみかんとう》」代表の小林直樹氏です。技術系災害ボランティアとして全国の被災地に出向き、避難所や応急仮設住宅での幅広い支援に加えて、家計上の理由などで応急修理が難しい被災住宅の機能を簡易に回復させる活動などにも従事しています。その活動は「住宅QQ案件」と呼ばれており、二〇二二年の台風15号災害では静岡県災害対策士業連絡会とも連携しました。

静岡県災害対策士業連絡会は、静岡県の弁護士会、公認会計士協会、税理士会、司法書士会、行政書士会、土地家屋調査士会、不動産鑑定士協会、建築士会、建築士事務所協会、日本建築家協会、社会保険労務士会、日本技術士会から構成されています。二〇二四年からは中小企業診断士協会も加わりました。二〇一八年十二月、従来の協定に加えて、県側と「災害時における相談業務に関する合意書」を締結しました。災害発生時に県が市町と士業団体の調整役となり、広報や相談場所の設置などの面で協力する体制が整いました。これが弾みとなり、たとえば二〇二一年の熱海市土石流災害では被災住民を対象とした「生活なんでも相談」を市総合福祉センターで開催し、二二年の台風15

号災害では士業合同相談ブースを設置しました。

静岡市の全面的な理解と協力により、士業相談ブースを支援制度の受付窓口の横に設置することで、応急修理制度の相談に来た人は、漏れなく士業相談のブースにも立ち寄ってもらい、罹災証明書の相談や支援制度の全体像の説明も受けられるという連携が実現しました。発災直後からしばらくは、土日祝日を含めて毎日朝から夕方まで三つの区役所のブースに複数の相談担当者を派遣し続けました。最終的に相談ブースの設置は二年間にわたりました。このブースでの相談対応件数は約千件に上ります。

大災害では「地域支え合いセンター」が開設されます。国や都道府県、市町村による災害ケースマネジメントの一環で、社会福祉協議会が運営を任されるケースが多いと言えます。センターに配置された生活支援相談員らが応急仮設住宅や在宅被災者を訪ね、被災住民から聞き取った生活相談を関係機関につなぎます。併せて住民同士のつどいの場や地域交流の機会を作ります。

「地域支え合いセンター」の見守り・相談は通常、応急仮設住宅や一時的に無償提供された公営住宅に入居している人に支援の対象が限られます。ここに問題があります。

在宅避難者へのアプローチが抜け落ちているからです。彼らには支援物資が届かなかったり、きれいなトイレが使えなかったり、水害後の泥だらけの家屋や地震で倒壊の危険のある家屋に住み続けていたり、自治体の情報が十分に伝わらなかったりするなど、劣悪な環境に置かれます。彼らは「取り残された被災住民」と言えるでしょう。

彼らを把握し、支援するのは自治体の責務であり、災害ケースマネジメントが解決しなければならない大きな課題ですが、自治体や地域支え合いセンターに全てを押し付けるのではなく、近隣住民や自治会、支援団体やボランティアなど「共助」の力を存分に発揮し、みんなで解決していく必要があります。

▼誰一人取り残さない

内閣府は二〇二四年六月、「在宅・車中泊避難者等の支援の手引き」をまとめました。そこには「避難場所にかかわらず、支援が必要な人に必要な支援がなされるよう、避難所という場所に着目した支援から、避難者等一人ひとりに着目した支援へ転換を図る」「支援の内容は、それぞれの避難生活環境に応じて異なるが、避難所で行うことが求められる支援の水準と同程度となるよう支援を実施することが適切である」と明記されています。被災住民は「誰一人取り残さない」ことを国として再確認し、「場所」から「人」への支援を推し進めるとしています。

では国と自治体は、どのように人への支援転換をすべきなのでしょうか。同手引きは「避難所以外の避難者等支援を充実させるためには、自助や共助の取組も含め、官民が連携し、一丸となって支援を実施する体制を整えることが重要である」「それぞれの自治体が自助、共助の取組を進め、地域の平時の支援体制を活用しつつ、地域の防災力の向上の取組をさらに進めることが必要である」と書いています。ふだんから「公助」「自助」「共助」の連携と協力を進め、行政と住民とボランティア団体の三者がお互いに遠慮せずに相談し合える三人四脚の関係で結ばれている必要があるわけです。

在宅や車中泊の避難者をくまなく探して支援するのは、口で言うほど簡単ではありません。だからふだんからの人間関係が重要なのです。地域のつながりが消えつつある都市部では特にそうです。

水害の相談会で、若い女性から地域住民に関する相談を受けたことがあります。「私の住む地域は高齢世帯が多く、台風で広く浸水しました。相談は自分のことではなく、高齢者や弱い人たちが支援や制度から取り残されていることです。それが心配で夜も眠れません。どうか私の地域を助けてください。周りの人に相談しても、誰も動いてくれないのです」。目に涙を浮かべていました。彼女なりの「誰一人取り残さないで」という気持ちが痛いほど伝わってきました。

「大丈夫。何とかします！」。私はそう言って、その場で名古屋市のＮＰＯ法人「レスキューストックヤード」常務理事の浦野愛さんに電話をしました。相談会開催の準備を願い出ると、浦野さんは「分かりました」と即答してくれました。電話の反応を聞いていた若い女性は安心した表情に変わりました。私と浦野さんの間では、各地の相談会で一緒に活動してきた経緯があることから、困ったら電話一本で頼みごとをするという暗黙のルールができています（おそらく…）。それこそ、遠慮せず相談し合える関係で結ばれているわけです。レスキューストックヤードは、「救援＝レスキュー」のためにはヒト・モノ・カネの「備え＝ストック」と「場所＝ヤード」が必要であるとの考えが名前の由来だそうで、能登半島地震でも八面六臂の活躍をしています。ある日、穴水町の避難所で浦野さんと歩きながら打ち合わせをしていると、その途中、避難者から次から次へと「愛ちゃん！愛ちゃん！」と声をかけられて一向に前に進めないことがありました。まるで避難所のアイドルでした。復興への三人四脚の効果をその存在が証明してくれています。

「誰一人取り残さない」と同様、「困難を一人に抱え込ませない」というのも、被災地支援、被災地復興の鉄則です。「困難を一人に抱え込ませない」というのは、「困難を一人に押し付けない」ということです。身近な言葉で言えば、「おせっかいをしましょう」「お世話を焼きましょう」ということになるでしょうか。

お世話を焼く行政、おせっかいをするボランティア、おせっかいをする隣人が被災住民のそばにいるかどうかで、復興と生活再建の質、スピードは大きく変わります。運任せの「避難所ガチャ」「被災地ガチャ」に陥らないためには、相互扶助は欠かせません。ふだんから遠慮せず相談し合える関係で結ばれていれば「余計なお世話だ！」と言ったりすることはないはずです。

避難所となっていたある学校の体育館での支援説明会。私が説明したあと、参加した独居高齢者に近所の女性が話しかけていました。「おばあちゃん。さっきの話、こういう意味なんだよ。分かる？」「おばあちゃんもきっとこの制度を使えるから、明日一緒に役場の窓口に相談に行こうね」と声をかけているのです。こうしたやさしいおせっかいが弱い立場の被災住民を救います。そして支えます。地域の復興、誰も取り残さない復興に不可欠なキーパーソンなのです。

あとがき

本書刊行は、高校生だった私が駅で経験した阪神・淡路大震災から三十年の節目と重なりました。同時に、能登半島地震から一年に当たります。

自然は私たちに多大なる恵みを与える一方で、ときに災害となって圧倒的なエネルギーを見せつけます。人命を奪い、住まいや生活を破壊します。能登半島地震の発災翌月、支援団体の協力を得て、輪島市町野町の山間の集落で第一回目の被災住民向け説明会を開催しました。三百六十度見渡しても無事に残っている家屋が一つも発見できません。言葉を失いました。この無慈悲すぎる光景を前に、どんな支援制度の説明も無力ではないか。自分が場違いなことをしているようにさえ感じました。

しかし集まった集落の人びととの表情は真剣で、誰一人あきらめている人はいませんでした。今後の希望につながる情報に触れ、ときに笑顔さえ見せてくれました。人間の強さと尊さに私は打たれました。この人たちがあきらめない限り、自分はこの地に通い続けなければいけないと思いました。

二〇二四年九月二十一日。能登半島を線状降水帯による猛烈な豪雨が襲いました。その日も私は能登にいました。山々は崩れ河川は氾濫し、相談会がある輪島市にたどり着けませんでした。無力さを痛感しながら静岡市に帰りました。十一月上旬、再び輪島市の町野町を訪れました。同年二月以来の相談会でした。ようやく建設された仮設住宅が会場でした。地震で破壊された家々を今度は大量の土砂が覆っていました。こんな冷酷なことがあってよいのか。雨の中、涙が出てきました。

この光景を前に一体何を話せばいいのか。二月のときと全く同じ気持ちになりました。しかし集会所には時間前から入りきれないほどの人が。驚きました。人びとの表情は七カ月前と同じでした。食い入るように私の説明を聞き、生活再建に関する質問は一時間以上続きました。「ここにいる人は誰一人あきらめていない！」と私は確信しました。

本書の表題に「避災」と「共災」という言葉を選びました。人間は地球の力にあらがうことはできません。自然災害と闘うのではなく、うまくかわしながら命や生活を守る必要があります。避災のための知識や科学的知見を正しく身に付けなければなりません。

同時に日本ではどこで暮らしても自然災害と無縁ではいられません。私たちは災害大国の住民なのです。求められるのは、避災の知識だけでなく、災害が起き被災しても再び暮らしを取り戻すための知識です。支援制度の知見です。共災のための知恵とも言えます。申請主義により、支援制度が弱い人の味方ではなく、知識ある人の味方となるニッポンでは、共災が一層重要です。

本書が翼を広げ全国に飛び立っていくことで、避災と共災の知識・知見・知恵の普及につながってほしい。今後の災害から命を守り、避難所や仮設住宅では人びとの再建の助けになればと心から願っています。

希望はあります。被災地で苦しい立場、弱い立場にある人びとに無心で支援を続ける人や支援団体と出会いました。行政職員の中にも被災した人びとと同じ目線に立ち、共に悩み、悲しみ、日々力を尽くす人がいます。彼らとの出会いが私の財産で希望です。

驚かされるのは、彼らが日常生活と被災地での活動を両立させていることです。本書でも取り上げた風組関東の代表小林直樹氏と妻紗織さんは、二人とも東京で仕事をしながら平日の夜は支援の準備に充て、週末は被災地に出向き、炊き出しから家屋の応急復旧作業に至るまで大車輪の活躍をしています。そんな彼らに悲壮感はなく、いつ会っても表情はにこやかです。直樹氏は「会社員の限界に挑戦だ！」と冗談ぽく笑い、紗織さんは「そこにできることがあるから行きます」と控えめに答えます。

静岡市では二〇二二年の水害で集まった個人のボランティアが意気投合し、「しぞ～か・まめっ隊」という被災地支援団体を結成しました。総勢十五人です。運営は緩やかでメンバーの意思が最大限に尊重されます。「無理なく行ける人が行くだけですよ」と代表の千代幸嗣氏は言います。会社員、消防士、自営業、主婦、高校生などがメンバーです。彼らは週末になると能登半島でスーパーマンに変身し、家財を運んだり、床下に潜ったりして、被災した人びとの生活再建に不可欠な存在になっています。

共災は、人びとが互いに助け合う「共済」の意も含みます。高齢化や貧困が進む一方、災害の発生頻度は高くなっています。被災した人たちを誰一人取り残さないためには、「公助」頼みではなく、人びとの助け合いが鍵を握ります。堅苦しくなく、押し付けでもなく、できる人ができる範囲で少しずつ息長く取り組む必要があります。「被災者支援は明るく、楽しく、しつこく」は阪神・淡路大震災で被災住民を励まし続けた兵庫県の弁護士永井幸寿氏の言葉です。この言葉は三十年後の支援者を今なお励まし続けてくれます。

末筆ながら、本書執筆の機会を与えてくださった帝京大学理事長・学長の冲永佳史氏、帝京大学出版会代表の岡田和幸氏、また本書の刊行まで助言し支え続けてくれた谷俊宏編集長に心より感謝を申し上げます。

二〇二四年十一月八日

永野　海

主な参考図書

飯考行編著『子どもたちの命と生きる――大川小学校津波事故を見つめて』信山社、2023年
牛山素行『豪雨の災害情報学 増補版』古今書院、2012年
岡本正『災害復興法学Ⅲ』慶應義塾大学出版会、2023年
片田敏孝『人が死なない防災』集英社新書、2012年
鎌田浩毅『生き抜くための地震学――京大人気講義』ちくま新書、2013年
鎌田浩毅『地学ノススメ――「日本列島のいま」を知るために』ブルーバックス、2017年
鎌田浩毅『地震はなぜ起きる？』岩波ジュニアスタートブックス、2021年
関西大学社会安全学部編／山崎栄一ほか『東日本大震災復興5年目の検証――復興の実態と防災・減災・縮災の展望』ミネルヴァ書房、2016年
田村孝行・田村弘美原案／木村真紀ほか作『ふしぎな光のしずく――けんたとの約束』金港堂出版部、2024年
佐藤美香『ふたりのせかいりょこう―東日本大震災から6年―姉妹人形の奇跡』祥伝社、2017年
菅野拓『つながりが生み出すイノベーション――サードセクターと創発する地域』ナカニシヤ出版、2020年
菅野拓『災害対応ガバナンス――被災者支援の混乱を止める』ナカニシヤ出版、2021年
津久井進『災害ケースマネジメント◎ガイドブック』合同出版、2020年

藤岡換太郎『山はどうしてできるのか――ダイナミックな地球科学入門』ブルーバックス、2012年
永野海『みんなの津波避難22のルール――3つのSで生き残れ！』合同出版、2021年
中野明安・津久井進編／永野海ほか『防災・減災の法務――事業継続のために何をすべきか』有斐閣、2021年
永野海監修『「住まい」のことでこまったときに――能登半島地震で被害をうけた住まい再建のために――輪島市版』NPO法人ワンファミリー仙台、2024年

【注】本書で紹介した各種支援制度については、筆者が運営する「ひさぽ」（被災者支援情報さぽーとぺーじ http://naganokai.com/hisapo/）で確認することができます。

永野　海（ながの・かい）
弁護士、日本弁護士連合会災害復興支援委員会の副委員長。防災士、静岡市教育委員会学校防災アドバイザー。静岡県ボランティア協会理事。1978年、大阪府堺市出身。慶応大学総合政策学部を2000年に卒業。2007年弁護士登録。東日本大震災以後、各地で被災住民の生活再建を支援し、防災活動や防災教育の啓発活動に取り組む。「避難生活＆住宅再建ガイドブック」をNHKと共同制作し、HP「ひさぽ」（被災者支援情報さぽーとぺーじ http://naganokai.com/hisapo/）の制作・運営を通じて、支援情報を発信し続けている。著書に『みんなの津波避難22のルール――３つのＳで生き残れ！』（合同出版）、共著に『防災・減災の法務―事業継続のために何をすべきか』（有斐閣）『子どもたちの命と生きる―大川小学校津波事故を見つめて』（信山社）など。

帝京新書007

避災《ひさい》と共災《きょうさい》のすすめ
―人間復興《にんげんふっこう》の災害学《さいがいがく》―

2024年12月25日　初版第１刷発行
2025年２月26日　　　第２刷

著　者　永野 海
発行者　岡田和幸
発行所　帝京大学出版会（株式会社 帝京サービス内）
〒173-0002　東京都板橋区稲荷台10-7
帝京大学 大学棟３号館
電話 03-3964-0121
発　売　星雲社（共同出版社・流通責任出版社）
〒112-0005　東京都文京区水道1-3-30
電話 03-3868-3275
FAX 03-3868-6588
企画・構成　谷俊宏（帝京大学出版会）
印刷・製本　精文堂印刷株式会社

ISBN：978-４-434-35201-０

帝京新書創刊のことば

日本国憲法は「すべて国民は、個人として尊重される」（第十三条）とうたっています。帝京大学の教育理念である「自分流」は、この日本国憲法に連なっています。

自分の生まれ持った個性を尊重し最大限に生かすというのが、私たちの定義する「自分流」です。個性の伸長は生得的な条件や家庭・社会の環境、国家的な制約や国際状況にもちろん左右されます。それでも〈知識と技術〉を習得することにより、個性の力は十分に発揮されることになるはずです。「帝京新書」は、個性の土台となる読者の〈知識と技術〉の習得について支援したいと願っています。

グローバル化が急激に進んだ二十一世紀は、単独の〈知識と技術〉では解決の難しい諸問題が山積しています。国連の持続可能な開発目標（ＳＤＧｓ）を挙げるまでもなく、気候変動から貧困、ジェンダー、平和に至るまで問題は深刻化かつ複雑化しています。だからこそ私たちは産学官連携や社会連携を国内外で推し進め、自らの教育・研究成果を通じて諸問題の解決に寄与したいと取り組んできました。「帝京新書」のシリーズ創刊もそうした連携の一つです。

帝京大学は二〇二六年に創立六十周年を迎えます。

創立以来、私たちは教育において「実学」「国際性」「開放性」の三つに重きを置いてきました。「実学」は実践を通して身につける論理的思考のことです。「国際性」は学習・体験を通した異文化理解のことです。そして「開放性」は〈知識と技術〉に対する幅広い学びを指します。このうちどれが欠けても「自分流」は成就しません。併せて、解決の難しい諸問題を追究することはできません。「帝京新書」にとってもこれら三つは揺るぎない礎です。

大学創立者で初代学長の冲永荘一は開校前に全国を回り、共に学び新しい大学を共に創造する学生・仲間を募りたいと訴えました。今、私たちもそれに倣い、共に読み共に考え共に創る読者・仲間を募りたいと思います。

二〇二三年十二月

帝京大学理事長・学長　冲永佳史